Wolfgang Menzel

Preussen und Österreich im Jahr 1866

Wolfgang Menzel

Preussen und Österreich im Jahr 1866

ISBN/EAN: 9783743387331

Hergestellt in Europa, USA, Kanada, Australien, Japan

Cover: Foto ©ninafisch / pixelio.de

Manufactured and distributed by brebook publishing software (www.brebook.com)

Wolfgang Menzel

Preussen und Österreich im Jahr 1866

Preußen und Oesterreich

im Jahr 1866.

Von

Wolfgang Menzel.

Stuttgart.

Verlag von Adolph Krabbe.

1866.

Vorwort.

Von der Stellung, welche die beiden deutschen Großmächte gegeneinander einnehmen, hängt die ganze Zukunft Deutschlands ab, denn die Mittelstaaten sind nicht stark genug, um allein die Geschicke Deutschlands zu lenken, oder um jenen deutschen Großmächten Gesetz und Richtschnur vorschreiben zu können. Wer möchte sich darüber täuschen, daß es ein Gesammtinteresse der deutschen Nation gibt und daß die Regierungen der deutschen Bundesstaaten als gegenwärtige Inhaber der Gewalt in Deutschland es als ihre Pflicht ansehn müssen, das Gesammtwohl der deutschen Nation zu fördern. Es ist zugleich ihr eigenes wohlverstandenes Interesse. Denn nachdem sich in unserem Westen Frankreich die Hegemonie über das romanische Europa, in unserem Osten Rußland die Hegemonie über das slavische Europa errungen haben, nachdem sie Einheitstaaten ersten Ranges mit concentrirter Kraft, mit energischer Initiative und gegen uns aggressiv geworden sind, nachdem uns von dem ersteren schon am Rhein, vom letzteren schon an der Ostsee deutsche Länder entrissen worden sind, hat kein deutscher Bundesstaat, wenn er allein steht, genügende Sicherheit seines Fortbestandes. Nur mit Hülfe der andern kann er der Beraubung und Fremdherrschaft entrinnen. Selbst das starke Oesterreich ist zu schwach, wenn es allein steht und ihm die anderen nicht helfen.

Nicht die bei so vielen verschiedenen Interessen unmöglich gewordene Einheit Deutschlands, wohl aber eine diesen Interessen entsprechende Vereinbarung der deutschen Bundesstaaten, vor allem Oesterreichs und Preußens, ist die Aufgabe. Wer, schwärmend für ein Ideal, die Einheit gegenüber dem Particularismus durchfechten will, thut es vergebens und veruneinigt mehr, als er einigt. Deutschland ist voller Widersprüche. Wo man den größten Eifer für die deutsche Sache zeigt und sich dessen am meisten rühmt, hemmt man gerade ihr Gedeihen. So in den Mittelstaaten, die trotz ihrer brillanten Reden für die meerumschlungenen Stammverwandten ohne Preußen nichts für die Elbherzogthümer hätten thun können, auch Oesterreich nicht, und die dennoch die Miene annehmen, als hätten sie allein das wahre Interesse Deutschlands verstanden und auch durchzuführen vermocht. Wie muß das Ausland über uns lachen, wenn deutsche Blätter selbst über die Sieger von Düppel und Alsen schimpfen und die von den Dänen befreiten Deutschen gegen ihre Befreier hetzen? Was müssen die praktischen Franzosen und Russen davon denken, wenn das liberale Mitteldeutschland aus den Elbherzogthümern nur wieder einen Kleinstaat mehr, eine neue constitutionelle Schäferei machen will, ohne begreifen zu können, daß nur der deutsche Großstaat, der Schleswig eroberte, es auch bei Deutschland festhalten kann? Und was muß das Ausland weiter denken, wenn ein s. g. deutscher Nationalverein feierlich erklärt, es sey für die deutsche Nation gleichgültig, wer am Po und in Venedig gebiete? Unsere Mittelstaaten überschätzen ihre Bedeutung. Ohne Oesterreich und Preußen wären sie hülflos der französischen und russischen Uebermacht preisgegeben und bei all ihrem patriotischen Gebahren hätten sie keine andere Zukunft, als den Rheinbund. Ohne Preußen und Oesterreich hätten diese Mittelstaaten das Joch Napoleons nicht zerbrechen können. Sie würden in nicht langer Zeit wie Burgund, Lothringen, Elsaß, das ganze linke Rheinufer, die Niederlande, Holland, Oldenburg und die Hansastädte dem französischen Reich förmlich einverleibt worden seyn. Ohne Preußen und Oesterreich gäbe es kein Deutschland mehr.

Nun haben aber diese Mittelstaaten Angst bald vor einer preußischen, bald vor einer österreichischen Hegemonie in Deutschland, und am meisten vor einer Allianz beider und vor einer Theilung des ganzen deutschen Bundes zwischen Preußen und Oesterreich mittelst der Mainlinie. Sie könnten sich darüber beruhigen, da nicht nur Oesterreich und Preußen einander selbst die Waage halten, sondern auch beide vereinigt eine Coalition aller auswärtigen Mächte bestehen müßten, wenn sie die Verträge von 1815, die den Mittelstaaten ihre Selbständigkeit sichern, nicht mehr achteten. Die aber, die in der Kleinstaaterei allein Deutschlands Recht, Interesse und Heil sehn und immer ein Privilegium ansprechen, als verstünden sie allein, was Deutschland Noth thut, verrathen, indem sie Preußen und Oesterreich so gerne uneins miteinander sehn und jedem einzelnen gern Schwierigkeiten machen, damit nur, daß sie das Verhältniß des innerlich getheilten und uneinigen germanischen Mittelreichs zu dem ungetheilten und einigen Frankreich und Rußland gründlich mißverstehn.

So oft sich Oesterreich von Preußen trennte, war es allein nicht stark genug, Frankreich zu widerstehn. Ebensowenig Preußen, wenn es sich von Oesterreich trennte. Ihre feindliche Gegenüberstellung schwächte beide, machte Frankreich zum Herrn des Rheinbundes und Rußland zum Herrn der Ostseeprovinzen und Polens. Wenn sie dagegen einig zusammenhielten, wurden sie immer ihrer gemeinschaftlichen Feinde Meister. Es war eine schöne Zeit, als der große Kurfürst von Brandenburg dem Kaiser gegen die Franzosen half und zugleich die Schweden aus dem Lande jagte, als unter dem ersten König von Preußen der alte Dessauer mit seinem preußischen Hülfscorps an der Seite des Prinzen Eugenius dem Kaiser die Lombardei zurückerobern half und den großen Sieg über die Franzosen bei Turin entschied, und eine schöne, schöne Zeit, als Preußen und Oesterreicher vereinigt den großen Sieg bei Leipzig über Napoleon erfochten. Solche Zeiten muß jeder gute Deutsche zurückwünschen, aber nicht jene Tage des Fluchs, in denen nichtswürdige Intriguen den Cabinetten in Wien und Berlin die Besonnenheit raubten und eine Zwietracht unter ihnen entzündeten, deren Folgen eben so schmerzlich an der Donau wie an der Spree und in ganz Deutschland empfunden wurden.

Das 1814 besiegte Frankreich ist nun erstarkt und im Begriff, Italien und Spanien unter seinem Protectorate mit sich zu einer großen romanischen Coalition zu vereinigen. Rußland hat in den Unglückszeiten, in denen Preußen und Oesterreich uneins waren, die deutschen Ostseeprovinzen, Finnland, Polen erobert, den ganzen Norden der Türkei umfaßt und Oesterreichs Einfluß auf den Orient geschwächt, sein furchtbares Festungsdreieck an der Weichsel als einen Keil zwischen Preußen und Oesterreich hineingetrieben und durch seine Eroberungen in und jenseits des Kaukasus und des kaspischen Sees seine Streitmacht ungeheuer vermehrt. Indem nun Frankreich und Rußland von zwei Seiten her auf die lockere deutsche Conföderation drücken, muß doch jeder irgend Besonnene in Deutschland einsehn, daß nur die vereinigte Macht Oesterreichs und Preußens stark genug ist, um mit Zuziehung der übrigen Bundesstaaten unsre Grenzen nach Osten und Westen hin zu schützen.

Durch das einige Zusammenhalten Preußens und Oesterreichs ist der Uebermuth der Dänen gezügelt und sind die Elbherzogthümer Deutschland zurückgegeben worden. Weder Frankreich, noch Rußland, noch England haben es gewagt, den Dänen zu helfen. Einfach, weil die vereinigte Kriegsmacht Oesterreichs und Preußens, denen sich die übrigen deutschen Bundesstaaten unfehlbar würden angeschlossen haben, ihnen zu stark erschien. Nun kann man sich aber denken, wie jene nichtdeutschen Mächte darauf lauern, die Cabinette von Wien und Berlin wieder feindlich gegeneinander erbittert zu sehen, und wie sie sich abmühen in Intriguen, um sie voneinander zu trennen.

An die Erwerbung der Elbherzogthümer haben sich große Hoffnungen für den deutschen Handel, für die deutsche Marine geknüpft. Daß sie nicht in Erfüllung gehen, liegt zunächst im englischen Interesse. Sie werden in Erfüllung gehn, wenn Preußen nicht durch den Rücktritt Oesterreichs gehindert wird, sein Versprechen zu halten. Sie werden nicht in Erfüllung gehn, wenn die Allianz zwischen Oesterreich und Preußen zerreißt. Denn in diesem Augenblicke würde Deutschland wieder durch die Uneinigkeit seiner Großmächte so schwach wie jemals seyn, und Frankreich, England und Rußland würden auf der Stelle sich einmischen und in letzter Instanz das Schicksal der Elbherzogthümer entscheiden.

Da die deutsche Presse selbst in leidenschaftlicher Ueberstürzung wetteifert, Oesterreich und Preußen voneinander zu reißen und dabei die unermeßlichen Nachtheile, welche die Auflösung des österreichisch-preußischen Bündnisses für ganz Deutschland nach sich ziehn würde, gänzlich außer Berechnung läßt, thut es noth, an

Maaß und Besonnenheit zu erinnern. Weder die, welche maaßlos gegen alles, was preußisch heißt, lärmen und toben, noch auch die, welche Oesterreich immer von Deutschland ausschließen möchten, die da den Italienern zujauchzen, Venedig lustig in den Kauf geben und gern ein magyarisches und czechisches Reich aufkommen lassen würden, wenn nur das alte Kaiserreich vollends in Trümmer gienge, weder die einen noch die andern haben recht. Beide wollen wegschaffen, was Deutschlands beste Waffe ist, beide wollen Deutschland durch Bruderhaß und Bürgerkrieg dem Ausland gegenüber schwächen und einer neuen Fremdherrschaft von innen die Breche öffnen an den Mauern, die jeder Deutsche mit dem letzten Blutstropfen vertheidigen soll.

Mögen nachfolgende Denkübungen für Deutsche nicht ganz ohne Wirkung bleiben!

1.
Die Bedeutung Preußens für Deutschland.

Um die Bedeutung Preußens richtig zu würdigen, muß man sich vor allem die geschichtliche Thatsache zum Verständniß bringen, daß bereits seit acht Jahrhunderten Norddeutschland von der jeweiligen deutschen Reichsgewalt im Vergleich mit Süddeutschland vernachlässigt worden ist. Es mußte sich in der Regel, da es von Süden her nicht unterstützt war, selber helfen, um sich der äußeren Feinde zu erwehren und das deutsche Reich nach Nordosten hin zu erweitern, nach Nordwesten hin wenigstens zu vertheidigen. Die Versuche der Norddeutschen, im Interesse aller Deutschen und ihres großen Reiches seine inneren Spaltungen zu überwinden und aus der Kleinstaaterei herauszukommen, eine compacte Kriegsmacht und Marine zu gründen, wozu ihre langgestreckte Küste naturgemäß aufforderte, wurden nicht blos durch die Eifersucht innerhalb ihrer eigenen Kleinstaaten, sondern auch häufig durch die Gleichgültigkeit, Mißgunst und offenbare Feindschaft der Süddeutschen und der Kaisergewalt selbst vereitelt oder auf lange Zeit gehemmt.

Nachdem die sächsischen Kaiser glorwürdigen Andenkens, unter denen das deutsche Reich wunderbar gedieh und sich mehrte, die Augen geschlossen hatten, begann mit den salischen Kaisern, indem sie ihr Augenmerk nach dem Süden richteten, die lange Vernachlässigung des deutschen Nordens.

Auch die schwäbischen Kaiser machten Front nach Süden, um den Norden haben sie sich wenig bekümmert. Da nun aber Deutschland sein Nationalinteresse gleich sehr nach allen Seiten zu wahren hat, so mußten andere im Norden thun, was die Kaiser nicht thaten. Insofern spielte Heinrich der Löwe die Hauptrolle in Norddeutschland, während Kaiser Friedrich Barbarossa vorzugsweise im Süden beschäftigt war. Heinrich suchte für Deutschland zu ergänzen, was der Kaiser zu leisten nicht geneigt und fähig war, nämlich die Ausbreitung des Christenthums und Germanismus in den Slavenländern und die Gründung einer deutschen Marine in der Ostsee. Er nahm also ziemlich genau dieselbe Stellung ein, welche Preußen gegenwärtig einnimmt, indem es das stärkste Bollwerk der deutschen Nationalität gegen den slavischen Osten ist und der deutschen Marine endlich aufhelfen will. Aber wie man jetzt den guten Willen Preußens verleumdet, es um seiner Erfolge willen beneidet und ihm jedes moralische und physische Hinderniß in den Weg wirft, damit es nicht zum Ziele gelange, so war auch damals der Süden und Westen Deutschlands in gleichem nationalen Unverstande eifrig bemüht, Heinrichs des Löwen für Deutschland so heilsame Pläne zu vereiteln und den Gewinn lieber den Dänen und Slaven zu gönnen, als dem deutschen Herzog. Ja, es steht mit der deutschen Sache heutzutage noch besser, als es damals stand. Denn Gott sey Dank geht Oesterreich jetzt mit Preußen an der Eider Hand in Hand, da vor 700 Jahren der Kaiser des Südens den Herzog des Nordens zu Deutschlands größtem Nachtheil unterdrückte und sich mit Dänen und Slaven gegen das deutsche Interesse verbündete.

Wie schwer es dem Herzog wurde, nur überhaupt bis an die Ostsee zu gelangen und die Gründung einer deutschen Marine auf derselben vorzubereiten, erhellt am besten aus der Opposition, die ihm Graf Adolf von Schauenburg machte. Dieser sächsische Graf, der eigentlich dem Befehl des sächsischen Herzogs hätte gehorchen sollen, konnte sich ihm widersetzen, weil nicht nur Dänen und Slaven, sondern auch alle benachbarten deutschen Fürsten und Bischöfe aus Eifersucht und Furcht für sich selbst das welfische Haus nicht wollten aufkommen lassen. Dynastischer Egoismus und Partikularismus überlieferten die deutschen Grenzen lieber dem undeutschen Feinde, ehe sie geduldet hätten, daß ein beneideter Nebenbuhler das von ihnen mißachtete große deutsche Nationalinteresse gefördert hätte. Graf Adolf hatte auf einer von der Trave und Wakenitz umflossenen Insel, einst berühmt durch den dort befindlichen heiligen Hain Buku, die Stadt Lübeck gegründet, besaß keineswegs die Mittel, von dort aus eine deutsche Marine zu gründen, weigerte sich aber hartnäckig, die Stadt dem Herzog zu überlassen. Erst später gelang es dem Herzog, sich des Platzes zu bemeistern.

Auch die Ausbreitung des Christenthums und des Germanismus im noch heidnischen Slavenlande machte sich Heinrich der Löwe zu einer Hauptaufgabe. Was wäre wohl aus Deutschland geworden, wenn sein ritterliches Volk unter tapfern Führern nicht über Saale, Elbe und Oder hinaus zugleich mit dem Christenthum die deutsche Machtsphäre ausgedehnt hätte? Heinrich der Löwe kämpfte für Christenthum und Deutschthum gegen die damals noch äußerst barbarischen Slaven und handelte somit in vollem Einklang mit dem damaligen religiösen Zeitgeist und mit dem großen deutschen Nationalinteresse.

Dem deutschen Kaiser ziemte es, während er das deutsche Reich im Süden mehrte, den tapfern Herzog auf alle Weise zu unterstützen, damit er es auch im Norden mehre. Aber die unglückselige dynastische Eifersucht trieb den Ghibellinen an, den Welfen zu verderben. Heinrich der Löwe unterlag dem Schwert des Barbarossa, sein großes Herzogthum wurde zertrümmert, alle seine Pläne wurden vereitelt, denn der Kaiser war nicht mächtig genug und hatte auch keinen Trieb dazu, sich des deutschen Nordens mit derselben Energie anzunehmen, wie des Südens. Er vertrug sich mit dem Dänen, gab den Slaven Reichslehen und schuf, indem er die oberste Herzogsgewalt in

Norddeutschland vernichtete, jenes unglückliche System geistlicher und weltlicher Kleinstaaterei, welches Norddeutschland bis auf den heutigen Tag noch nicht überwunden hat. Ohne des Kaisers Nachhülfe und unter heftiger Anfeindung der Fürsten und Bischöfe nahm in den folgenden Jahrhunderten nur die Hansa einen großartigen Aufschwung und führte Heinrichs des Löwen Plan aus durch die Schöpfung einer deutschen Marine. Lübeck blieb das Haupt der Hansa. Die Hanseaten drangen zuerst als Kaufleute an den langgedehnten Ostseeküsten bis nach Livland vor und brachen der großartigen Colonisation des deutschen Ritterordens Bahn. Es wäre aller Deutschen dringendes Interesse gewesen, die Hansa zu unterstützen, wie früher Heinrich den Löwen. Aber bei ihrer ewigen Uneinigkeit ließen sie die Hansa im Stich, wie sie den Löwen im Stich gelassen hatten. Ganz Deutschland hätte hinter der Hansa stehen müssen. Die Industrie und der Handel, die Häfen und die große Marine, namentlich aber das ausgedehnte Colonisationssystem der Hanseaten öffnete der Uebervölkerung im gesammten deutschen Reiche Wege des Abflusses, des Wohlstandes und Ruhms und hielt seine Colonien im Zusammenhange mit dem Mutterlande. Wenn uns Holland später engherzig seine Colonien verschloß, so that sie dagegen die alte Hansa dem ganzen deutschen Volke weit auf. Aber die reiche Hansa wurde von den deutschen Fürsten beneidet. Die Kleinstaaterei, die der große Barbarossa in Norddeutschland organisirt und sanctionirt hatte, war verstockt und weit entfernt, einem allgemeinen Nationalinteresse dienen zu wollen. Sie unterband die Adern des innern Verkehrs, sperrte die Flüsse und duldete kein großartiges Verkehrssystem, ja die Straße von Süden nach Hamburg ist bis heute vernachlässigt geblieben. Damals weilten die Kaiser fortwährend im Süden und schienen nicht zu wissen, daß Deutschland Küsten im Norden habe. Die kleinen norddeutschen Fürsten aber ruhten mit ihrem Neide gegen die Hansa nicht, bis sie, im Bunde mit Dänemark und Schweden, den Feinden unseres Reichs, die Hansa bis zur Ohnmacht geschwächt hatten. Seitdem wurde die Ost- und Nordsee nicht mehr von der deutschen, sondern von der dänischen, schwedischen und englischen Flagge beherrscht und auch die großen Colonien der Hansa und des ihr stets innig verbündeten und durch die Schifffahrt von ihr abhängigen deutschen Ordens waren nun isolirt und mußten nach und nach eine Beute der Schweden und Polen, zuletzt der Russen werden. Wie ganz anders hätten die deutschen Ostseeprovinzen sich der Russen erwehren können, wenn sie noch durch eine mächtige hanseatische Flotte hätten geschützt werden können, und wenn die Auswanderung nicht seit dem Verfall der Hansa ins Stocken gerathen wäre, sondern noch drei Jahrhunderte fortgedauert hätte?

Mit dem Zerfall der norddeutschen Hansa hieng das Aufkommen derjenigen Dynastie zusammen, die, obgleich deutschen Ursprungs, doch auf die Throne von Dänemark, Schweden und Rußland gelangend, alle folgenden Jahrhunderte hindurch Norddeutschland am meisten geschadet und wehe gethan hat. Christian, Graf von Holstein, der eigentliche Henker der Hansa, wurde als Christian III. König von Dänemark, und von ihm stammen bis auf heute die Dänenkönige, das 1809 aus Schweden vertriebene Königsgeschlecht und seit Peter III. die russischen Kaiser ab. Desgleichen auch der Prinz von Augustenburg. Ueberblickt man, wie die deutschen Herzogthümer von den Dänenkönigen maltraitirt worden sind, was sich die Schweden in Norddeutschland angemaßt haben und mit welcher Wucht Rußland auf Deutschland drückt, so ist für den Prinzen von Augustenburg wenigstens seine Abstammung kein Grund, ihm alle deutschen Sympathien zuzuwenden im Gegensatz gegen die preußischen Ansprüche. Norddeutschlands größtes und längstes Unheil gieng von den Nachfolgern Christians III. aus; alles, was es nach langer Fremdherrschaft und unverzeihlicher Vernachlässigung seiner Küsten wieder an Macht und an Hoffnungen gewonnen hat, gieng vom Hause Hohenzollern aus. Es ist kein guter deutscher Sinn darin, wenn man den Erben der Christianspolitik dem der Politik des großen Kurfürsten vorziehen will. Ueberdies könnte auch beim besten Willen der kleine Augustenburger das starke Bollwerk im Norden nicht aufwerfen und behaupten, wie es Preußen und Preußen allein vermag. Einen Ersatz für die Hansa schienen die deutschen Niederlande darzubieten, deren Industrie und Handel sich großartig entwickelte. Die tapfern Niederländer hatten sich seit Jahrhunderten der Franzosen erwehrt, die ihnen ihre Herrschaft aufbringen wollten. Die Niederländer allein hatten in unsterblichen Schlachten Frankreichs Uebermacht zurückgeschlagen, ohne vom deutschen Reich unterstützt zu werden. Ja es kam vor, daß ein deutscher Kaiser (Karl IV.) selber mit den Franzosen im Bunde gegen sie focht und sich von ihnen schlagen ließ. Dennoch wurden sie an den Herzog von Burgund, einen französischen Prinzen, vererbt, der sich zwar von Frankreich eben so unabhängig machte, wie von Deutschland, aber doch welsches Wesen mehr begünstigte als deutsches. So konnten die Niederlande ihren deutschen Brüdern an den Ufern der Nord- und Ostsee nichts nützen. Durch Heirath kamen sie an das Haus Oesterreich, aber Kaiser Karl V. schenkte sie schon wieder weg an Spanien. In den Wirren der Reformationszeit riß sich der nördliche Theil der Niederlande vom südlichen los und gründete die holländische Republik. Der südliche blieb bei Spanien und beide waren hinfort durch politischen und kirchlichen Haß geschieden. Holland riß sich ganz vom deutschen Reiche los. Stolz auf seine junge Seemacht und auf seinen einträglichen Handel, dachte es nicht daran, dem gemeinsamen deutschen Vaterlande nützlich zu werden, noch selbst aus ihm Nutzen zu ziehen. Es würde seine Seemacht und seine Colonien in großartigster Weise haben vermehren können, wenn es die Uebervölkerung in Deutschland, die immer zur Auswanderung bereit ist, nach seinen Colonien hingelenkt hätte, zu einer Zeit, in welcher die englischen Colonien erst noch im Entstehen waren und ihm Platz ließen.

Holland aber gefiel sich in einer übermüthigen Verachtung seiner deutschen Brüder, wollte nichts von ihnen wissen, sperrte ihnen sogar die Schelde ab und — mußte zur Strafe ein Kleinstaat bleiben, den England bald weit überholte. Als am Schluß des vorigen Jahrhunderts England, anstatt dem ihm befreundeten Erbstatthalter von Holland zu helfen, vielmehr alle holländischen Colonien eroberte und für sich behielt, konnte es diesen Vortheil nur erringen, weil Holland zu schwach, seine Colonien noch zu wenig bevölkert waren. Hätte es seit anderthalb hundert Jahren den Strom deutscher Auswanderer in seine Colonien eingelassen, so hätten alle englischen Schiffe gegen sie nichts auszurichten vermocht. Denn die tapferen Boers, zehnmal so zahlreich, als sie es noch jetzt sind, hätten das Cap den Engländern niemals ausgeliefert

Der südliche, spanisch gebliebene Rest der Niederlande, das heutige Belgien, fiel zwar an Oesterreich zurück, blieb aber für Deutschland nur ein verlorener Posten, da es, zwischen Frankreich und Holland eingekeilt, von Oesterreich selbst vernachlässigt wurde.

Somit war Norddeutschland nach Westen hin seiner schönsten Häfen beraubt, war der wichtige westliche Theil eigentlich ganz von ihm abgeschnitten. Dann folgte Hannover, welches nur noch dem Namen nach zum deutschen Reich gehörte, wesentlich aber als englische Provinz dem deutschen Nationalinteresse eben so entfremdet war wie Holland. Bremen und Verden, sowie auch Vorpommern mit Stralsund hatten sich die Schweden im westphälischen Frieden abtreten lassen. Holstein und Schleswig waren in die schwedisch-dänischen Händel verwickelt, Deutschland eben so entfremdet. Meklenburg war durch eine Heirath so sehr unter russischen Einfluß gekommen, daß russische Truppen lange Zeit im Lande lagen, als ob es schon eine russische Provinz wäre. Auch der Kurfürst von Sachsen stand unter diesem russischen Einfluß, da er sich unter russischem

Protektorate zum König von Polen hatte wählen lassen, ohne mehr als ein Schattenkönig zu seyn.

Der deutsche Orden, einst so mächtig an den weiten Ufern der Ostsee, war in seiner Isolirung, da er vom deutschen Reiche nicht unterstützt wurde, theils der russischen Barbarei, theils schwedischen und polnischen Intriguen erlegen und mit Ausnahme Preußens unter undeutsche Herrschaft gekommen.

Das war die Lage Norddeutschlands im Anfang des vorigen Jahrhunderts. Dieses traurige Panorama entfalteten die gutdeutschen Küstenländer von Flandern bis Esthland.

Nur ein einziger und damals noch nicht großer Staat verfocht in Norddeutschland noch unabhängig von jedem fremden Einfluß das deutsche Nationalinteresse und die deutsche Ehre. Einzig der große Kurfürst von Brandenburg, Friedrich Wilhelm, hatte eine selbständige Stellung behauptet. Er befreite Preußen von der polnischen Lehensherrschaft, er rächte Deutschland endlich an den Unholden des dreißigjährigen Krieges, indem er die Schweden schlug. Er stand ritterlich dem deutschen Kaiser im großen Kampfe gegen Ludwig XIV. bei, wurde aber schlecht dafür belohnt, denn er hätte die Schweden ganz vom deutschen Boden vertrieben, wenn ihn der Kaiser nicht im Stich gelassen hätte. Dennoch wurde durch seinen verständigen und energischen Nachfolger auf dem Grunde fortgebaut, den er gelegt hatte. Norddeutschland durfte wieder aufathmen. Neben der Kleinstaaterei und Fremdherrschaft wuchs in Norddeutschland wieder ein größerer, echt deutscher Staat mit elastischer Kraft empor, um endlich den Schweden, Polen und Russen einen Damm entgegenzuwerfen und das deutsche Nationalinteresse im Nordosten fernerhin siegreich zu verfechten.

Friedrich der Große wird in neuerer Zeit auf eine merkwürdige und gewiß unvernünftige Weise mißkannt. Wer das große Gesammtinteresse deutscher Nation im Auge behält und sich erinnert, wie jämmerlich die Fremdherrschaft in Norddeutschland hereinbrach und immer weiter vorzuschreiten drohte, ehe das

ritterliche Preußen ihr Halt gebot, kann in Friedrich dem Großen nur einen ruhmwürdigen Vorkämpfer der deutschen Gesammt=
nation anerkennen. Ohne Zweifel war er durch seinen Erban=
spruch auf ein paar kleine schlesische Herzogthümer nicht berech=
tigt, ganz Schlesien zu erobern. Allein große nationale Fra=
gen darf man nicht nach moralischen oder juridischen Scrupeln beurtheilen. Für das große deutsche Nationalinteresse war es gleichgültig, wer in Breslau befahl, wenn es nur ein deutscher Fürst war, wenn Schlesien nur bei Deutschland blieb. Aber nichts weniger als gleichgültig war es für Deutschland, wenn Oesterreich im siebenjährigen Kriege über Preußen den Sieg davon getragen hätte, und demnach in den Fall gekom=
men wäre, den Vertrag von Versailles erfüllen zu müssen. Das wäre nicht blos Preußens, sondern ganz Deutschlands Unglück gewesen. Gerade aus dem allgemeinsten nationalen deutschen Gesichtspunkte erscheint der siebenjährige Krieg in einem ganz anderen Lichte, als in welchem ihn unlängst Herr Onno Klopp zu zeigen beflissen war. Zugegeben, daß Fried=
rich der Große gewaltthätig durch das Recht hindurchgriff, in=
dem er die Verlegenheit Maria Theresia's benützte, um ihr das schöne Schlesien wegzunehmen, so verdankt ihm Deutsch=
land dennoch den Schutz seiner Grenzen und seiner Nationalität, die Oesterreich damals unsern Nationalfeinden preis zu geben schon geschworen hatte.

Die Vernachlässigung Norddeutschlands von Seiten Süd=
deutschlands und des deutschen Kaiserhauses selbst culminirte im Vertrag von Versailles am 1. Mai 1757. In diesem Vertrage verpflichtete sich Oesterreich gegen die ausländischen Mächte, die deutschen Provinzen, welche es mit ihrer Hülfe von Preußen wegreißen würde, ihnen für immer zu überlassen, ja ihnen sogar österreichische Provinzen zum Lohn für ihre Hülfe preiszugeben. Frankreich sollte einen Theil der Nieder=
lande mit dem Hafen von Ostende bekommen. Die übrigen Niederlande, mit Ausnahme Luremburgs, sollten einem fran=

zösischen Prinzen zum Erbe werden. Die Festung Luremburg sollte zum Vortheil Frankreichs geschleift und auch Cleve von Preußen abgerissen werden. Schweden sollte das preußische Pommern, Polen sollte Ost= und Westpreußen, Rußland sollte Kurland und Semgallen bekommen und alle diese Abtretungen sollten den fremden, nichtdeutschen Mächten für immer verbleiben.

Was würde wohl aus Deutschland geworden seyn, wenn das Genie Friedrichs des Großen und die Tapferkeit der Preußen nicht diesen nichtswürdigen Vertrag mit Kanonen= schlägen zerrissen hätten? Der ganze Nordosten Deutschlands wäre Schweden, Polen und Rußland geopfert worden. Der Vertrag von Versailles gieng von Wien aus, von dort, wo man die Krone Karls des Großen bewahrte, vom Centrum des heiligen römischen Reiches deutscher Nation aus, vom Kaiser, welcher geschworen hatte, alle Zeit Mehrer des deut= schen Reichs zu seyn. Welche Pflichterfüllung des heil. Reichs= oberhauptes, wenn er hier die Niederlande, dort die ganze deutsche Küste von Meklenburg bis Kurland den Feinden deut= scher Nation freiwillig abtreten wollte!

Was man auch an Friedrich II. von conservativer Seite wegen seiner Irreligiosität und von liberaler Seite wegen seiner rücksichtslosen Autokratie gerügt und beklagt hat, um die deutsche Nation hat er sich doch das größte und dankenswertheste Ver= dienst erworben, indem er die Durchführung des Vertrags von Versailles verhinderte und die Unabhängigkeit, die militärische und moralische Macht des preußischen Staats, des einzigen, der deutsches Interesse an den nordöstlichen Grenzen verfocht, aufrecht erhielt. Hätte er dieses starke Bollwerk gegen Polen, Schweden und Rußland nicht aufgerichtet, hätte er den Fran= zosen und Russen nicht einen heilsamen Schrecken vor der nord= deutschen Waffenkraft eingejagt, wohin wäre es denn mit dem nördlichen Deutschland gekommen? Neben Preußen besaßen nur Hannover und Sachsen einige Stärke. Aber Hannover war bereits eine englische Provinz, dem deutschen National=

interesse gänzlich entfremdet, nur dienstbar dem englischen. Und Sachsen? das nur dem Namen nach in Polen regierte, seit Peters des Großen Sieg über die Schweden bei Pultawa nur noch ein Client und Vasall Rußlands war, wie hätte dieses Sachsen den preußischen rocher de bronze ersetzen können? Ein Brühl den großen Friedrich?

Nur wer in ein unionistisches Ideal verliebt ist und von allen realen Verhältnissen abstrahirt, kann meinen, es wäre besser gewesen, wenn Oesterreich im siebenjährigen Kriege über Preußen gesiegt, dann die übrigen viel schwächeren deutschen Fürsten gehörig im Zaum gehalten und die alte Einheit des deutschen Reichs unter seinem mächtigen Kaiser wiederhergestellt hätte. Dem stand schon der Versailler Vertrag im Wege, der im voraus das deutsche Reich um so viele und große Provinzen hatte verstümmeln wollen. Oesterreich hätte nach einem Siege über Preußen vom deutschen Reich nur einen Rumpf übrig behalten und auch in diesem nicht allein geherrscht, denn das Ausland würde die Mittelstaaten geschützt haben. Und welche Sprache würden die auswärtigen Mächte gegenüber von Wien geführt haben, wenn auf dem Reichstag zu Regensburg neben dem englischen Gesandten wegen Hannover und einem schwedischen wegen Pommern auch noch ein französischer wegen der Niederlande, ein polnischer wegen Preußen und ein russischer wegen Kurland Platz genommen hätten! Nur durch einen wohlorganisirten Staat und durch eine imponirende Kriegsmacht wie die Friedrichs des Großen konnte Norddeutschland damals gegen die nicht deutschen Mächte geschützt und die Grenze der deutschen Machtsphäre bis nach Memel ausgedehnt erhalten werden.

Nur österreichischer oder süddeutscher Particularismus, der für das Gesammtinteresse der deutschen Nation keinen Sinn hat, kann Preußen wegen seiner Machtstellung in Norddeutschland beneiden und anfeinden. Jeder Theil Deutschlands, wenn er auch nur particularistisch sein eigenes Wohl will, muß zugleich das Wohl des Ganzen, also aller übrigen Theile wollen, weil ein Theil ohne die andern sich gegen die nichtdeutschen Großmächte allein nicht lange würde behaupten können.

Nach Friedrichs des Großen Hingange folgten wieder traurige Zeiten. Das gegenseitige heillose Mißtrauen der Cabinette von Wien und Berlin machte es Rußland möglich, beide zu verlocken, beide am Gängelbande zu führen, beide nur für russische Zwecke zu benutzen und alles das zu verhindern, was Deutschland von Nutzen gewesen wäre. Die Kaiserin Katharina II., eine deutsche Prinzessin, war so ganz Russin geworden, daß sie sich in nichts behaglich wohler fühlte, als in der Zerrüttung ihres deutschen Vaterlandes, einzig zum Vortheil russischer Eroberungspolitik. Doch darf man jene nordische Semiramis kaum anklagen, da die Schuld, warum sich die deutschen Mächte von ihr dupiren und mißbrauchen ließen, doch nur an den Deutschen selbst lag. Hätten Oesterreich und Preußen einig und gemeinschaftlich gehandelt, so wären sie stark genug gewesen, um jedes Einschreiten der Russen sowohl in Polen, als in den Ostseeprovinzen zu verhindern, und sowohl Schweden als die Türkei würden ihnen geholfen haben. Nur weil sie sich nicht zu gemeinschaftlichem Vorgehen gegen Rußland vereinigten, mußten sie Rußland den Löwentheil der polnischen Beute, die Ostseeprovinzen und die Donaumündungen preisgeben. Indem sie aber wetteifernd um Rußlands Freundschaft buhlten, welches doch nur beide verrieth und über beide hohnlachte, standen sie sich zugleich in Bezug auf gemeinschaftliches Handeln am Rhein entgegen, hinderten einander gegenseitig in der Bekämpfung der französischen Revolution und verloren deshalb im Westen das ganze linke Rheinufer. Hätten sie ihre großen Armeen, die damals allen andern in Europa überlegen waren, zusammen gehalten und gemeinschaftlich agirt, so würde kein Sansculotte weder über die Alpen noch über den Rhein gekommen seyn und kein Russe hätte wagen dürfen, über die polnische Grenze zu gehn.

In jene für Deutschland so trübe Zeit fiel ein einziger

Lichtblick, als Kaiser Leopold II. die vernunftlose Politik seines unglücklichen Bruders aufgab und sich mit König Friedrich Wilhelm II. über eine gemeinschaftliche Handlungsweise sowohl gegen Rußland als Frankreich verständigte. Aber dieser Lichtblick währte nur ganz kurz, um in nur noch dunkleren Wolken zu verschwinden. Der verständige Kaiser starb und sein unerfahrener Sohn folgte dem alten Thugut, Preußens Todfeind, der zur josephinischen Politik zurückkehrend, sich Rußland in die Arme warf, mit ihm eine Theilung der Türkei verabredete und zugleich mit Rußland gemeinschaftlich Preußen an jeder Erwerbung hindern wollte. Unter diesen Umständen schloß Preußen bekanntlich den Basler Frieden, und Oesterreich fand in der russischen Allianz die Mittel nicht, die es in der preußischen gefunden haben würde, um den Kriegsdämon, der damals in den Franzosen erwachte, beschwören zu können. Oesterreich erlitt, seitdem es von Preußen verlassen war, Schlag auf Schlag die furchtbarsten Niederlagen.

Preußen in seiner Neutralität sah diesem Unglück Oesterreichs allzu lange zu. Wenn es auch durch Thuguts Politik berechtigt, ja gezwungen worden war, den einseitigen Basler Frieden abzuschließen, so hätte es doch, nachdem Oesterreich die schrecklichsten Demüthigungen erfahren hatte, ihm großmüthig wieder die Bruderhand reichen sollen, um den Franzosen in Deutschland endlich Einhalt zu thun. Da Preußen diese Großmuth weder im Jahr 1800, noch im Jahr 1805 übte, hatte es sich's nur selber zuzuschreiben, daß es im Jahr 1806 wieder seinerseits von Oesterreich nicht unterstützt wurde und die entsetzliche Niederlage bei Jena erlitt.

Der Frieden von Tilsit zeigte ungefähr, was schon 50 Jahre früher erfolgt seyn würde, wenn Preußen bei Roßbach unterlegen wäre, wie es später bei Jena unterlag, wenn damals schon die Stipulationen des Versailler Vertrags eine Wahrheit geworden wären, wie die des Friedens von Tilsit. Norddeutschland lag wieder niedergeschmettert da. Belgien,

Holland, die Hansestädte, Friesland, Oldenburg 2c. wurden unmittelbar dem französischen Reich einverleibt, Hannover, Kurhessen, Braunschweig und alles, was auf dem linken Elbufer preußisch gewesen, bildete den französischen Vasallenstaat unter König Jerome. Holstein wurde von Dänemark aus dem deutschen Reichsverbande herausgerissen, und dänische Machtgebote wollten so schnell als möglich in den Herzogthümern Schleswig-Holstein alles danificiren. Preußen verlor, was es bei der polnischen Theilung erworben hatte. Rußland verband sich mit Frankreich und theilte mit ihm die preußische Beute. Kaiser Alexander I., der immer für den wärmsten Freund Preußens gelten wollte, riß die großen Bezirke von Grodno und Bialystock an sich, die bisher Preußen gehört hatten. Preußen mußte sich verpflichten, nur noch 40,000 Mann zu halten, mußte seine besten Festungen von Franzosen besetzt lassen.

Das alles haben wir erlebt und blos deshalb erlebt, weil Oesterreich und Preußen nicht einig gewesen und einzeln einer fremden Uebermacht erlegen waren, die ihrer Uebermacht unterlegen wäre, wenn sie zusammengehalten hätten. Daraus folgt, daß so wie ihre Zwietracht wiederkehrt, auch ihre Niederlagen wiederkehren können, und daß der deutsche Bund sich keine Sicherheit versprechen darf, so lange noch Oesterreich und Preußen möglicherweise einander zuwider handeln können. Hat Preußen Oesterreich nicht mehr zur Seite, so schwebt der Versailler Vertrag immer noch in der Luft und kann so gut noch verwirklicht werden, wie wir den Tag von Tilsit erleben mußten.

Erst nach Erduldung der ungeheuersten Verluste, Plünderungen und Erniedrigungen aller Art verständigten sich Oesterreich und Preußen wieder zu gemeinsamem Handeln im Jahr 1813, und der gute Erfolg konnte nicht ausbleiben. Wenn Oesterreich und Preußen zusammenstehen, gibt es keine Macht in Europa, die ihrem Kraftstoße widerstehen könnte. Aber was die Schwerter gut gemacht, wurde nach Blüchers berühmtem

Spruche durch die Federn wieder verdorben. Russische Arglist und englischer Neid lockerten das Band der Einigkeit zwischen Preußen und Oesterreich beim ersten Friedensschlusse wieder auf und verhinderten dadurch die Genugthuung und den Ersatz, welche Deutschland nach so langen Kriegsleiden als Sieger vom besiegten Frankreich zu fordern hatte. Wären Oesterreich und Preußen beim ersten Pariser Frieden und auf dem Wiener Congreß einig gewesen, so hätten Rußland und England sich ihrem gemeinschaftlichen Willen fügen müssen und von einer Einmischung Talleyrands hätte gar nicht die Rede seyn können. Die österreichische und preußische Armee war damals der russischen soweit überlegen, daß der Kaiser von Rußland aus der Nichtbewilligung seiner Forderungen einen casus belli zu machen nicht hätte wagen dürfen. Wenn sich damals Oesterreich und Preußen nur fünf Minuten lang hätten verständigen wollen, würde binnen fünf Wochen kein Russe mehr in Warschau, Modlin und Zamosk zu erblicken gewesen seyn. Daß Oesterreich und Preußen sich diesen russischen Pfahl in's Fleisch haben drücken lassen, daran sind allein sie selber schuld.

Preußen insbesondere begieng damals einen politischen Fehler ersten Ranges, indem es sich wegen des verhältnißmäßig ihm viel weniger nützlichen Sachsen ärgerte und unpopulär machte, anstatt seine maritime Zukunft ins Auge zu fassen. Nicht auf Sachsen, das ohnehin zu schwach war, um ihm zu schaden, sondern auf die Nordsee hätte es seine Aufmerksamkeit richten und sich Ostfriesland nimmermehr sollen abhanden kommen lassen. So lange Preußen von der Nordsee abgesperrt blieb, waren alle Hoffnungen vereitelt, zu denen die deutsche Nation nach so großen Siegen über Frankreich berechtigt war. Man hatte das ganze Nordseeufer bis Dünkerken wieder erobert. Welche großartige Aussicht öffnete sich da dem deutschen Handel, der deutschen Marine, einem Colonialsystem weitester Ausdehnung. Aber was geschah? Alles, aber auch alles wurde versäumt. Preußische Truppen, Bülows tapfres Armeecorps eroberte die deutschen Niederlande wieder, während eine englische Flotte die Häfen blokirte. Nun eignete sich aber England allein alle damals in Holland befindlichen Schiffe und Vorräthe der Franzosen an, ohne sie mit den Preußen zu theilen. Und doch mußte der deutsche Patriot diese egoistischen Engländer noch loben und preisen, da sie Deutschland einen außerordentlichen Dienst leisteten, indem sie wenigstens das Schlimmste verhinderten, was Deutschland damals noch hätte begegnen können. Der russische Kaiser nämlich, der die Deutschen immer als ihr lieber Freund anlächelte, hatte mit Bernadotte verabredet, das den Schweden geraubte Finnland solle russisch bleiben, Schweden dafür mit dem dänischen Norwegen entschädigt werden, Dänemark aber für diese Abtretung die deutschen Hansestädte zum Ersatz erhalten. Der Pact war schon förmlich abgeschlossen, und man hat nicht gehört, daß deutsche Mächte Einwendungen gemacht hätten, als plötzlich England mit größter Energie die Freiheit der Hansestädte schützte und Deutschland die Schmach ersparte, Dänemark, dessen perfide Politik eine gerechte Züchtigung verdient hatte, auf russischen Befehl mit deutschen Städten und Landschaften zu bereichern.

Wie man die Hansestädte damals von deutscher Seite vernachlässigte, ganz ebenso die Niederlande. Das von preußischen Truppen eroberte Holland hätte dem Erbstatthalter, nachherigen König, nicht ausgeliefert werden dürfen, außer er hätte sich dem deutschen Bunde angeschlossen, den Deutschen die freie Rheinschifffahrt und die noch übrigen holländischen Colonien geöffnet. Holland hätte damals alles bewilligen müssen. Auch Belgien wurde für den deutschen Bund nicht reclamirt, so wenig wie Elsaß und Lothringen, obgleich den deutschen Siegern die einfachste Politik geboten hätte, Frankreich den ungerechten Raub abzunehmen und Metz und Straßburg zu deutschen Bundesfestungen zu machen. Ein Arrangement, das niemand zu verhindern gewagt haben würde, wenn Oesterreich und Preußen darüber einverstanden gewesen wären.

In dem langen Frieden nach den großen Kriegen nahm Preußen sein Interesse und das der gesammten deutschen Nation insofern nicht genügend wahr, als es Rußland viel zu viel vertraute, viel zu viel nachgab, und sich in Fällen, wo Oesterreich vorsichtiger war und gern dem russischen Uebermuth eine Schranke gesetzt hätte, dieser weisen österreichischen Politik nicht anschloß. Nichts war und ist heute noch für Preußen gefährlicher, als die Flankenstellung, welche die Russen in Warschau eingenommen haben. Preußen mußte daher jede Gelegenheit benutzen, um sich von diesem Alp los zu machen. Dazu bot ihm die traktatenwidrige Verletzung der von den europäischen Mächten garantirten polnischen Verfassung durch russische Willkür, dazu bot ihm die polnische Insurrection, wenn es dieselbe im Bunde mit Oesterreich rechtzeitig benutzt hätte, dazu bot ihm wieder der Krimkrieg die bequemste Gelegenheit.

Preußen hätte sich wenigstens für die guten Dienste, die es Rußland beim Frieden von Adrianopel und zweimal bei den polnischen Insurrectionen leistete, und für seine Neutralität im Krimkriege von Rußland bezahlt machen und reelle Werthe und Bürgschaften dafür fordern sollen, welche Rußland während seiner Verlegenheiten in der Sorge, Preußen könnte sich an seine Feinde anschließen, aus Klugheit hätte gewähren müssen. Die preußischen Unterthanen hatten schwer zu klagen über die russische Grenzsperre. Die lutherischen Livländer wurden mit schnöder Arglist und Gewalt zur russischen Kirche hinüber gezogen. Mit Dänemark traf Rußland Verabredungen, welche das Erbe in den Elbherzogthümern betrafen und das deutsche Nationalinteresse im hohen Grade gefährdeten. In allen diesen Beziehungen hätte eine ernste Drohung Preußens, es werde sich an die europäische Coalition und zunächst an Oesterreich anschließen, hingereicht, der russischen Regierung die erforderlichen Bürgschaften abzutrotzen. Aber Rußland zog alle Vor-

theile aus der preußischen Paſſivität, ohne ihm dafür im Ge‑
ringſten zu danken, ja es gieng in ſeinem Hohne ſo weit, es
unter gebieteriſchen Drohungen — nach Olmütz zu ſchicken.
Erſt im Jahr 1864 hat durch die Einigung Oeſterreichs
mit Preußen die lange Verſäumniß ein glückliches Ende erreicht
und iſt die ruſſiſche Intrigue in Bezug auf die Erbfolge in
den Elbherzogthümern durch die Schwerter bei Düppel und
Alſen zerſchnitten worden. Der neueſte Beweis, wie nicht nur
Preußen und Oeſterreich ſelbſt, jedes für ſich an Macht und
Anſehen nach außen gewinnen, wenn beide einig zuſammenſtehen,
ſondern wie viel auch das ganze Deutſchland Vortheil und
Ehre davon hat. Wenn Preußen und Oeſterreich einig ſind,
geht alles gut in Deutſchland und hat das Ausland gründ‑
lichen Reſpekt vor uns. Wenn ſie uneinig ſind, geht alles
ſchlecht und achtet und fürchtet uns niemand mehr.

Die geſunde Reife und volle Entwicklung der preußiſchen
Macht als der einzigen, die da befähigt iſt, die Intereſſen der
geſammten deutſchen Nation im Norden zu vertreten, wird nicht
nur durch Argwohn und Mißgunſt deutſcher Bundesgenoſſen,
ſondern auch durch die liberal‑demokratiſche Oppoſition in ſei‑
nem Innern aufgehalten und bedroht.

Nachdem die preußiſche Regierung das frühere Syſtem
der ruſſenfreundlichen Paſſivität aufgegeben und im Bunde mit
Oeſterreich das große deutſche Nationalintereſſe in den Elbe‑
herzogthümern durchgefochten hat, ſollte ihr doch zunächſt das
Vertrauen des ganzen preußiſchen Volks entgegenkommen, die
Regierung ſtärken und ermuthigen, auf dem betretenen Wege
mannhaft fortzuſchreiten. Durch den Sieg über die Dänen iſt
endlich dem preußiſchen Handel die Nordſee aufgeſchloſſen, iſt
eine großartige Entwicklung der deutſchen Marine unter preußiſcher
Führung vorbereitet, iſt endlich nach jahrhundertlanger Verſäum‑
niß auch für den ſo wichtigen Nordweſten Deutſchlands eine
beſſere Ausſicht eröffnet, wenn ſich die Hanſeſtädte von der eng‑
liſchen Bevormundung emancipiren. Aber alle dieſe ehrenvol‑

len und hoffnungsreichen Errungenschaften werden von der Opposition in Preußen selbst, im Abgeordnetenhause und in der Presse, ignorirt oder nur kühl und mit den stärksten Vorbehalten gegen die dermalige Regierung aufgenommen. Das Abgeordnetenhaus verweigert der Regierung das Budget und protestirt gegen die Armeeorganisation, die durchaus zweckmäßig ist. Mit den eitlen Reden auf der Tribüne und bei Zweckessen imponirt man Mächten wie Rußland, Frankreich und England nicht. Man sichert die Grenzen und verschafft sich auf europäischen Congressen Achtung nur dann, wenn man gerüstet ist. Preußen und Oesterreich vereinigt stellen eine Million Bajonette. Wenn sie einig sind, kommen noch ein paarmal hunderttausend Bajonette des übrigen Deutschlands hinzu. Davor haben Rußland, Frankreich und England Respekt und vor sonst nichts, am allerwenigsten vor deutschem Kammergeschwätz. Im Gegentheil, die parlamentarischen Redner, welche die Energie der Regierung zu schwächen, die für ganz Deutschland so unentbehrliche Einigkeit der beiden deutschen Großmächte wieder aufzulösen suchen, die Armeeorganisation verdammen, Volksbewaffnung empfehlen und aus der trefflichen preußischen Armee philisterhafte Milizen oder gar demokratische Pikenmänner machen möchten, alle diese dienen nur den Feinden Deutschlands gegen das eigene Vaterland.

Die großen Fragen des Nationalinteresses gegenüber dem Ausland sind es nicht, welche das Abgeordnetenhaus bisher beschäftigt haben. Die berühmten Redner der Opposition haben alles Interesse auf Verfassungsparagraphen und auf Persönlichkeiten hinzulenken gewußt und die Presse hat die Prozesse winzigkleiner politischer Größen unendlich viel wichtiger genommen, als die Fragen, wie Preußen in seinem eigenen Nutzen und zur Befriedigung der gesammten deutschen Nation die Erfolge in den Elbherzogthümern ausbeuten könnte. Während gewiß in allen nichtdeutschen Cabinetten Europas Schritte vorbereitet werden, um beim ersten Riß, der in das preußisch-österreichische Bündniß kommt, alle deutschen Erfolge in den Elbherzogthümern wieder in Frage zu stellen, will das Abgeordnetenhaus der preußischen Regierung keinen Credit bewilligen, die preußische Armee desorganisiren, die energischen Minister verdrängen und statt Männern der That nur Männer des Geschwätzes für regierungsfähig erklären.

Ist das die berühmte preußische Intelligenz?

Die früheren Regierungen in Preußen trugen freilich selber die Schuld, indem sie auf Universitäten und Schulen Schwindelhaber in die Köpfe ausstreuen ließen, welcher jetzt wuchernd aufgegangen ist. Geraume Zeit waren unter der Autorität der Regierung Lehrsysteme herrschend, welche die göttliche Autorität bestritten und unter der Hand auch allen Respekt vor der irdischen verschwinden ließen, Lehrsysteme, welche die gebildete Jugend gegen die Wirklichkeit der Dinge verblendeten und sie mit Abstractionen wie mit einem dicken Nebel umgaben. Die Philosophie Hegels, anfänglich den Universitäten octroyirt, um den sog. christlich-deutschen Geist zu escamotiren, kehrte sich plötzlich gegen die Regierung um als Waffe der destructiven Partei. Doch was nutzen solche Erinnerungen und solches Bedauern falscher Maaßregeln? Die Köpfe sind einmal irre geführt, und es kommt nur noch darauf an, ob und wie es möglich seyn wird, sie wieder zur Vernunft zu bringen und an die Stelle schwindelnder Theorien wieder eine gesunde Praxis zu setzen.

Wird denn die liberale Opposition in Preußen nicht einsehen, daß sie sich im Widerspruch mit sich selbst befindet, wenn sie einerseits in Frankfurt erklärt, sie billige Preußens Vergrößerung und könne sich nicht an der süddeutschen Agitation gegen die Annectirung betheiligen, und wenn sie andrerseits alles thut, um dem Ministerium Bismarck alle moralischen und materiellen Mittel zu rauben, die es braucht, um, wir wollen nicht sagen, die Annexion durchzuführen, sondern nur überhaupt Preußens bisherige Machtstellung zu behaupten? Das heißt den

Mittelstaaten mit einem Degen imponiren wollen, den man zuvor zerbricht.

Sogar die Erwerbung des Herzogthums Lauenburg nicht anzuerkennen, schlägt ein preußischer Professor vor. Das heißt denn doch, sich selber in sein preußisches Gesicht schlagen. Robespierre hat freilich auch einmal im Convent gesagt: „Was liegt an den Colonien, wenn nur die Grundsätze bestehen!" Daß dies aber eine vernünftige Rede gewesen sey, hat noch nie ein Geschichtschreiber zu behaupten gewagt. Die Colonien gingen damals verloren, aber auch die Grundsätze, denn solche Grundsätze sind immer nur die eines Fieberkranken und enden mit dem Fieber.

Was sind überhaupt Grundsätze, wenn sie nicht praktisch sind? wenn sie nicht des Vaterlandes Wohl und Ehre bezwecken? Es kann nicht Grundsatz der preußischen Verfassung seyn, Preußen zu schwächen, Preußen von innen aus zu verwunden, zu kränken, zu entehren. Der Buchstabe der Verfassung kann nicht über dem Geist der Verfassung stehen, der identisch ist mit dem Wohl und der Ehre Preußens. Und wenn es sich hier, was wir wiederholt betonen, nicht blos um preußisches, sondern um deutsches Interesse handelt, so erscheint die parlamentarische Opposition in Preußen in einem doppelt zweideutigen Lichte, da sie mehr als irgend ein äußerer Feind das Ansehen der preußischen Regierung zu schwächen und den Fortgang ihrer für Deutschlands Gesammtinteresse so wichtigen und ersprießlichen Erfolge zu hemmen bemüht ist.

Wenn es so vielen Feinden Preußens und des preußisch-österreichischen Bündnisses gelänge, dieses Bündniß zu sprengen und die energische Regierung in Preußen zu stürzen, so würde man bald Dinge erleben, die viele Betheiligte zur Besinnung bringen würden — nur zu spät.

Die Presse hat dem Großfürsten Constantin Drohworte in den Mund gelegt, und es gibt Leute genug, die sich darüber freuen, da doch jeder Preuße nicht nur, sondern auch jeder Deutsche entrüstet seyn sollte, wenn Rußland wirklich sich wieder befehlshaberisch in unsre deutschen Angelegenheiten mischen wollte. Daß dergleichen nur geglaubt werden kann, ist schon ein trauriges Zeichen. Die gesammte deutsche Presse sollte in dieser nationalen Competenzfrage Rußland gegenüberstehen. Das Abgeordnetenhaus in Berlin sollte nichts Dringenderes zu thun haben, als die preußische Regierung in ihrer auswärtigen Politik zum Schutz der deutschen Nationalinteressen auf's kräftigste zu unterstützen. Statt dessen lesen wir in der Zeitung, nach Wiedereröffnung der Kammern haben die Anklagen gegen das Ministerium schon wieder angefangen, und die liberale Presse habe gerathen, „die Creditforderung der Regierung abzulehnen, weil die Fortschritte Preußens in den Herzogthümern noch nicht genug constatirt seyen." Heißt das etwas Anderes als: wir selber wollen diese Fortschritte nicht und wetteifern mit Russen, Franzosen und Engländern, irgend etwas Gedeihliches für unser deutsches Nationalinteresse nicht aufkommen zu lassen.

Die großen praktischen Aufgaben Preußens sind erstens die Sicherstellung der Grenzen gegen Osten, gegen das immer großartiger sich entfaltende slavische Einheits- und Eroberungssystem, dessen erste Beute Preußen seyn würde, wenn es nicht vollständig gefaßt und gerüstet und mit Oesterreich verbunden wäre. Zweitens die Förderung aller norddeutschen Interessen bis nach Holland hin, zunächst die Zuziehung der Hansestädte in den Zollverein, die Herstellung einer deutschen Marine unter preußischer Führung und die Vorbereitung zu einem deutschen Colonisationssystem, das uns so sehr fehlt und dessen Nichtvorhandenseyn einer so großen Nation, wie der deutschen, nicht wenig zum Schimpfe gereicht.

Deutschland leidet an Uebervölkerung. Die Quadratmeilen eines Landes wachsen nicht mit der Zahl der Einwohner; die Kulturfähigkeit des Bodens wächst nicht mit den Bedürfnissen. Die Konsumtion wächst nicht mit der Production; das gesicherte Einkommen nicht mit der Zahl der Konkurrenten. Die Aemter, von denen man leben kann, wachsen nicht mit der

Zahl der Kandidaten. Ueberall bleiben die Mittel der Befriedigung sich gleich, während die Bedürfnisse in wachsender Progression sich vermehren. Ueberall gibt es mehr Bauern als Güter, mehr Handwerker als gesicherte Kundschaften, mehr Bewerber als Beamte. Unsere barbarischen Vorfahren besaßen trotz ihrer Barbarei ungleich mehr politischen Verstand als wir, ihre hochgebildeten Enkel, indem sie die Bedürfnisse und die Mittel der Befriedigung im Gleichgewicht zu erhalten wußten und nicht nur möglichst für die Untheilbarkeit und Unveräußerlichkeit des Erbguts, je im Besitz des Erstgebornen, und für die Gründung und Erhaltung reicher Korporationen, sondern auch für den Abfluß derjenigen Bevölkerung sorgten, die auf dem einmal vertheilten Boden und in den einmal geschlossenen Korporationen unmöglich alle Platz finden konnten. Die Geschichte lehrt uns, daß die ältesten Germanen das System der Auswanderung und Eroberung verbanden, daß sie den Ueberfluß ihrer Bevölkerung nicht auf rohe Weise ausstießen, sondern in Heeresmassen vereinigt auf Eroberung aussandten und ein neues Vaterland oft an den nächsten Grenzen sich gründen ließen, wodurch das alte erweitert wurde. Bedenkt man, daß dieses Ausscheiden der Uebervölkerung uralt in Deutschland ist, daß von den Kimbern und Teutonen, vielleicht schon von Brennus an, die Deutschen unaufhörlich über ihre Grenzen flutheten; daß ihr Ueberfluß, am Ende des römischen Weltalters einem großen Strome gleich in den Süden und Westen brechend, Italien, Frankreich, Spanien und England neu bevölkerte; daß er während des Mittelalters ostwärts gewendet ebenso die slavische Welt überwältigte, Oesterreich, Schlesien, die Lausitz, Meißen, Anhalt, Meklenburg, Brandenburg, Pommern, Preußen, Livland, Kurland, Esthland eroberte und germanisirte; und daß auch nach den großen Religionskriegen, welche zwei Drittheile der Deutschen hinrafften, das Volk bald wieder sich erholte und bald wieder Tausende und Hunderttausende von Auswanderern hauptsächlich zu den Engländern in deren Colonien schickte, ja zuletzt auch Südrußland mit Deutschen bevölkerte: so kann man wohl nicht zweifeln, daß periodische und vernünftig geleitete Ausleerungen der deutschen Bevölkerung etwas Naturnothwendiges sind, dessen Unterbleiben der deutsche Körper empfinden muß wie Vollblütigkeit, Verstopfung ꝛc. Die Auswanderungsfrage scheint uns mit der großen Frage des Pauperismus aufs genaueste zusammenzuhängen. Kann von Eroberungen im alten Style zunächst nicht die Rede seyn, so doch von geregelter Colonisation entfernter Länder.

Man darf annehmen, daß die große deutsche Nation jährlich zweimalhunderttausend Individuen in die Colonien schicken könnte. Kein anderes Volk wandert in so großem Maaßstab aus. Man rechne 50, man rechne 100 Jahre solcher Auswanderungen. Welch ungeheures Menschenkapital! Was für Zinsen könnte es dem Mutterlande tragen! Aber es wird vergeudet und nutzt dem Mutterlande nichts. Die Deutschen wandern noch immerfort aus, aber nur um entnationalisirt zu werden und in fremde Nationen überzugehen, die zum Theil unsere schlimmsten Feinde sind. So zeugen deutsche Väter Jahr aus Jahr ein die Feinde und Verderber ihrer eigenen Enkel, und deutsche Kraft wird gegen Deutschland gekehrt. Die auswandernden Deutschen möchten gern Deutsche bleiben, aber der Einzelne kann unter Fremden seine Nationalität nicht lange behaupten und ihre Regierungen haben keine Colonien, um eine massenhafte und geregelte Auswanderung zu ermöglichen.

Die Deutschen im Ausland sind ein Gegenstand, den man nur mit Betrübniß betrachten kann. Wenn der Engländer auswandert, so gründet er große selbständige Colonien oder erobert, und die Ausgewanderten bleiben mit dem Mutterland in Verbindung, vermehren dessen Macht und Wohlstand. Wenn die Franzosen auswandern, erreichen sie zwar vermöge ihres leichtern Blutes nie solche dauerhafte Vortheile, wie die Engländer, kommen doch aber überall, wo sie hinkommen, nur als

Herren und Gebieter hin. Sogar die Russen, wie tief sie an Bildung unter uns stehen, colonisiren doch mit eben so viel praktischem Geschick, wie die Engländer, eben so massenhaft und auf die Dauer, während sie zugleich die militärischen Herren aller der Länder werden, in welche sie kommen. Wie anders, wie schimpflich verhält sich gegen sie alle der Deutsche? Deutschland schickt jährlich nach allen Weltgegenden hin mehr Auswanderer, als England, Frankreich und Rußland zusammengenommen. Es könnte mit dem Ueberfluß seiner Bevölkerung jene Staaten alle überflügeln; es bietet bei weitem die größte und, die Engländer ausgenommen, auch ohne Zweifel die intelligenteste Masse der Colonisten dar, und doch nützen diese Hunderttausende, die alle Jahre fortgehen und binnen wenigen Jahrzehnten zu mehreren Millionen angewachsen sind, ihrem Vaterlande nichts, weil sie ihre Selbständigkeit nicht zu behaupten wissen, sondern in fremde Nationen übergehen.

Der Thatbestand der deutschen Auswanderer ist folgender. Bei weitem die meisten Deutschen sind in die Vereinigten Staaten von Nordamerika ausgewandert, bereits viele Millionen, und es geht ihnen dort im Ganzen gut; aber ihr Deutschthum muß doch immer nach und nach dem Yankeethum weichen. Sie sind weder eine deutsche Colonie, die noch in directem Zusammenhange mit dem Mutterlande stünde, noch bilden sie einen unabhängigen deutschen Staat. Sie gelten nur als das geringere Metall, mit dem das bessere anglo-amerikanische sich legirt hat, um eine größere Masse zu repräsentiren.

Nächst der Auswanderung nach Nordamerika war die nach Rußland die ausgedehnteste. Ein paarmal hunderttausend Deutsche haben sich am nördlichen Ufer des schwarzen Meeres angesiedelt und das Emporkommen der Stadt Odessa wesentlich gefördert. Andere haben Colonien an der persischen Grenze gegründet, Andere im Innern Rußlands. Sie alle sind für Deutschland verloren, russische Unterthanen. Wichtiger noch sind die zahlreichen deutschen Edelleute, Gelehrten, Techniker, Kaufleute ꝛc., die ihre Dienste unmittelbar dem russischen Staate in Civil und Militair leisten, schon seit mehr als hundert Jahren, die einflußreichsten Aemter inne haben und in die kaiserlich-russische Politik jene Energie und Stetigkeit gebracht haben, ohne welche Rußland nie so groß hätte werden können, sondern in der alten Barbarei des Bojarenthums versunken geblieben wäre. An die Deutschen in Rußland knüpft sich demnach viel welthistorischer Ruhm, leider aber sind sie Deutschlands Feinde geworden und zum Theil höchst gefährliche Feinde. Der Deutsche hat keine Ursache, sich über seine Stammgenossen mit alten edeln deutschen Namen zu freuen, wenn sie als russische Diplomaten deutsche Cabinette verführen, dupiren, bruskiren, um sie alle hintereinander zu hetzen und ins russische Garn zu locken und ihnen mit spöttischer Miene Londoner Verträge und Olmützer Versöhnungen zu octroyiren.

Unberechenbar ist die deutsche Auswanderung nach England, Frankreich, Italien. In London leben ein paarmal hunderttausend Deutsche. Das meiste deutsche Material wird aber in der englischen Marine verwendet. Man hat die Zahl der Matrosen, die von den preußischen, pommerischen, meklenburgischen, hannöverschen und hanseatischen Küsten stammend auf englischen Schiffen dienen, zu einem Drittel der gesammten englischen Schiffsmannschaft berechnet. Was könnten diese nervigen Männer einer deutschen Flotte nützlich werden!

Sehr viele Deutsche wandern nach Frankreich aus, wo man sie gerne sieht und, wenn sie Talent haben, gern befördert. Die französische Akademie zählt Deutsche unter ihren Mitgliedern. Wie viele Deutsche haben als Künstler, als Techniker, als Kaufleute ihr Glück gemacht! Viele der ersten Weinhandlungen in der Champagne sind an Deutsche gekommen, die als fleißige und ehrliche Geschäftsführer eintraten und das Vertrauen ihrer Chefs erwarben. Auch Bordeaux zählt viele deutsche Häuser. Aber alle diese Deutschen werden Franzosen und vermehren nur den Reichthum und die Macht Frankreichs.

Auch in allen Handelsplätzen Italiens sind Deutsche in großer Zahl angesiedelt, aber ein altes böses Sprüchwort sagt: Tedesco italianizzato è diavolo incarnato! Wenn die Deutschen einzeln auswanderten, haben sie fast immer durch Geschick und Fleiß ihren Privatwohlstand gemehrt. Am schlimmsten gieng es größeren Schaaren von Auswanderern, die entweder, wie einst so viele tausend Pfälzer, mittellos aus Deutschland flüchten mußten oder die sich von ruchlosen Spekulanten zu Auswanderungen nach Brasilien, Texas ꝛc. verführen ließen und, da man ihnen an Ort und Stelle das gegebene Versprechen nicht hielt, ins äußerste Elend geriethen und massenhaft zu Grunde giengen. Eben so bedauernswürdig sind die Deutschen, die in der Fremdenlegion in Algier und Spanien, wie auch in den holländischen Colonien dienten. Man ließ sie nie avanciren, lud ihnen die schwierigsten Arbeiten auf, setzte sie den größten Gefahren aus und nutzte ihren Heldenmuth aus, ohne ihnen dafür zu danken, bis sie nach und nach aufgerieben waren. Noch mehr gereicht es der großen deutschen Nation zum Vorwurf, daß ihre Regierungen immer noch den jährlichen Sklavenhandel mit unschuldigen deutschen Mädchen dulden, welche durch Spekulanten namentlich aus Hessen in die lüderlichen Häuser Londons verkauft werden.

Dieser Thatbestand der deutschen Auswanderung ist in der That in hohem Grade unbefriedigend, wenn man das, was ist, mit dem vergleicht, was seyn könnte und zwar sehr leicht seyn könnte, da es nur darauf ankommt, das so reichlich vorhandene deutsche Material nur ein wenig praktischer zu verwenden. Da nun der Mangel deutscher Seehäfen und einer deutschen Marine bisher das Haupthinderniß eines deutschen Colonisationssystems war, durch die Erwerbung der Elbherzogthümer und die Eröffnung eines Kanals zwischen der Nord- und Ostsee endlich die Hebung der deutschen Marine ermöglicht ist, sollte die preußische Volksvertretung in großartiger Fürsorge für das Wohl des übrigen Norddeutschland, die preußische Regierung unterstützen, um den Bau des Kanals zu beschleunigen, die Marine zu verstärken, den Zollverein über die Hansestädte auszudehnen, sämmtlichen Zollvereinstaaten Antheil an den Vortheilen der Marine zu verbürgen und mit Holland und Belgien Unterhandlungen anzuknüpfen. Was Holland früher versäumt hat, ließe sich immer noch nachholen. Der Rest der ostindischen Colonien ist immer noch so groß, daß er sich zur Aufnahme von Millionen deutscher Auswanderer eignet. Auch die Boers in Südafrika bieten einen Anhaltspunkt für die deutsche Colonisation. Dort wartet noch fruchtbares Land in Fülle auf die Anbauer.

2.
Die Bedeutung Oesterreichs für Deutschland.

Der österreichische Kaiser ist der mächtigste unter den deutschen Fürsten, und auch nachdem er dem Titel eines deutschen Kaisers entsagt hatte, ruhten noch auf ihm die Traditionen des alten heiligen Reichs und umgaben seine neue österreichische Krone immer noch mit dem alten Nimbus.

Dazu gebührte ihm der Ruhm, daß, während das deutsche Reich durch seine mannigfache Zwietracht überall seine Grenzländer eingebüßt hatte, er allein auf der südöstlichen Seite des deutschen Reichs noch keinen Fußbreit deutscher Erde verlor und auch alle die italienischen, slavischen, magyarischen und rumänischen Völkerschaften, die dem Hause Habsburg unterthan geworden waren, noch immer unter seinem Scepter festhielt.

Nachdem der Kaiser seiner Hoheit im deutschen Reich entsagt hatte, behauptete er das Präsidium des Bundestages. Auch blieb ihm immer ein großer Einfluß auf Deutschland offen, denn wenn er mit Preußen einig war, wurde seine Macht um das Doppelte verstärkt, und wenn nicht, so traten alle Genossen des deutschen Bundes, welche Preußen beneideten oder fürchteten, auf seine Seite. Auch war ihm das deutsche Prädicat seiner Kaiserkrone und Dynastie von nicht geringem

Werth gegenüber seinen nichtdeutschen Unterthanen, denn sie alle waren die deutsche Herrschaft gewöhnt und voll Ehrfurcht, voll alter Treue für sie. Alle Oesterreicher, nichtdeutsche und deutsche, betrachteten sich gemeinsam als das ausschließlich kaiserliche Volk und sahen mit einer Art von Stolz und Mitleid auf die draußen im Reich und die andern Nachbarn herab.

Anderntheils stand der Träger der heiligen Krone in der Wiener Burg in einer, wir möchten sagen mystischen und doch zugleich sehr realistischen Beziehung zum Träger der Tiare auf dem h. Stuhle. War auch das Mittelalter längst vorüber und die alte Kirche zerrissen wie das alte Reich, so breitete sich doch die katholische Kirche noch weit über Europa aus und unter den katholischen Mächten behauptete Oesterreich immer den Vorrang.

Aus diesen Thatsachen scheint hervorzugehen, die Politik des Wiener Cabinets hätte den national-deutschen und katholischen Charakter immer festhalten und darauf das größte Gewicht legen sollen. Nur durch das Uebergewicht des deutschen Geistes konnten die nichtdeutschen Elemente des Kaiserthums in Gehorsam und alter Gewohnheitstreue erhalten werden und konnte die Germanisirung der Donau und den Karpathen entlang fortschreiten.

In gleicher Weise mußte der österreichische Kaiser innerhalb seiner Monarchie deren katholischen Charakter nicht blos äußerlich beibehalten, sondern die Kirche seines Reichs mit Geist durchdringen lassen. Und zwar aus zweierlei einfach politischen Gründen. Im vorigen Jahrhundert hatte der Voltairianismus und Josephinismus den alten katholischen Geist an den Höfen und bei allen gebildeten Classen aussterben oder wenigstens einschlafen lassen. Am Ende des Jahrhunderts wurde in Frankreich während der Revolution die Kirche sogar gänzlich vernichtet. In Oesterreich geschah das nicht, doch erschlaffte hier der kirchliche Geist und blieb nur ein sprüchwörtlich gewordenes Phlegma zurück. Als nun in Frankreich die Kirche sich wieder verjüngte und seit der Mitte des gegenwärtigen Jahrhunderts reichlich mit Geist erfüllte, lag darin für Oesterreich die Aufforderung, geistig nicht zurückzubleiben, um den ersten Rang in der katholischen Welt nicht einzubüßen. Ein zweites Motiv für Oesterreich, sich einen kirchlichen Schwung zu geben, lag darin, daß der Kaiser von Oesterreich als alter Schirmherr der Kirche die Verpflichtung hatte, seine katholischen Glaubensgenossen gegen die Tyrannei und systematische Ausrottungspolitik zu schützen, mit welcher Rußland gegen sie in Polen vorschritt. Es war die natürlichste Politik Oesterreichs, mit überlegnem Geist und allen Mitteln höherer Bildung und Humanität der Propaganda entgegenzuwirken, mit welcher das griechische Popenthum die lateinische Kirche überall ausrottet oder zurückdrängt. Diese Propaganda ist eines der vorzüglichsten Mittel Rußlands, alle Völker, die nach und nach seine Unterthanen werden müssen, oder nach denen es erst das Netz auswirft, der Seele wie dem Leibe nach zu russificiren. Diese Propaganda wirkt dem österreichischen Interesse bei allen Donauslaven entgegen und erstreckt sich bis an die Ufer der March.

Was uns die natürliche Politik des deutschen Kaiserhauses gewesen zu seyn scheint, wurde nicht von ihm beliebt. Schon unter Karl V. hatte dieses erlauchte Haus die Maxime angenommen, sich mehr auf Spanien und Italien, als auf seine deutschen Kronländer zu stützen. Damit seine deutschen Unterthanen nicht von den Reformationsideen der Norddeutschen angesteckt werden und keine deutschen Bücher lesen möchten, wurde die Erziehung in Oesterreich Jesuiten anvertraut, die den Unterricht in lateinischer Sprache und im italienisch-spanischen Geschmack ertheilten. So geschah es, daß die Ausbildung des deutschen Geistes, der deutschen Sprache, der deutschen Literatur in Oesterreich im Rückstande blieb und daß grade dasjenige erfolgte, was man hatte vermeiden wollen. Als nämlich in der Mitte des vorigen Jahrhunderts der lateinische Unterricht sich als der ausschließliche auf deutschem Boden nicht länger behaupten ließ und die Häuser Habsburg und Bourbon überhaupt den Jesuitenorden aufhoben und zum Vortheil ihrer Staatsomnipotenz die katholische Kirchengewalt bis zur Ohnmacht abschwächten, wurde das deutsche Oesterreich plötzlich mit der ihm bisher unzugänglich gewesenen norddeutschen und französischen Literatur überstürzt, mit einer Literatur, welche durch Anmuth und Gewandtheit der Sprache bestach, deren Grundzüge aber bereits Unglauben und eine unter dem Namen der Humanität und schönen Natürlichkeit sehr aufgelockerte Moral waren. Die in Oesterreich in Bildung entweder ganz vernachlässigte oder nur in lateinischen Jesuitenschulen aufgezogene Jugend war gegen die verderblichen neuen Eindrücke nicht gewaffnet. Die strenge Jesuitenerziehung hatte nicht verhindert, daß in Wien ein sinnliches Schlaraffenleben in Unwissenheit glücklicher Phäaken aufgekommen war. Also wurde hier, was sich in der norddeutschen und französischen Literatur noch von religiösem und sittlichem Ernst vorfand, am wenigsten goutirt und vielmehr nur alles Frivole gierig eingesogen und nachgeahmt. Das waren die Zeiten von Trattners und Blumauers. Wir glauben nicht zu irren, wenn wir dafür halten, es wäre für den deutschen Kaiser schicklicher und nützlicher gewesen, wenn er schon unmittelbar nach der großen Reformation in seinen Erbstaaten aufrecht erhalten und weiter ausgebildet hätte, was der deutsche Nationalgeist so Großartiges im Mittelalter geleistet hat. Es war nicht weise, daß er den Protestanten die Weiterentwicklung der deutschen Sprache und Literatur überließ, und es war nicht natürlich, daß er seine deutschen Unterthanen in die welsche Schule nahm.

Nach den großen Kriegen gegen Frankreich, welche doch die deutsche Nationalität im tiefsten Grunde aufgeregt hatten, würde Oesterreich, so hätte man glauben sollen, das Versäumte nachzuholen bemüht gewesen seyn. Es hätte mit der ganzen

Fülle des oberdeutschen, alpinen Geistes und Gemüthes in die literarische Arena eintreten sollen, wetteifernd mit dem norddeutschen Geiste, welcher damals, in Folge der erschütternden Kriege, der Lüderlichkeit sich entrissen und dem Edeln, dem Patriotismus, sogar der Religion sich wieder zugewendet hatte. Allein das Gegentheil erfolgte. Wenn der damalige Kaiser dem Fürsten Metternich auch nicht alles Regieren allein überließ, so doch die Behandlung des Unterrichts und der Presse, desgleichen der Kirche, also alles geistigen Lebens und Strebens in der Monarchie. Nun folgte aber der Fürst von Anfang an und unabänderlich dem Systeme, Oesterreich wie merkantilisch, so auch literarisch vom übrigen Deutschland abzusperren. Es mochte ihn dabei wohl der Gedanke leiten, daß sehr viel Unnützes und Schädliches in Deutschland gedruckt werde, was die Oesterreicher nicht zu lesen brauchen. Allein es wurde doch alles Schlechte, Gemeine vom Büchermarkt in Oesterreich eingeschmuggelt, während gerade das Bessere ausgeschlossen blieb. Die Wahrheit ist wohl, Fürst Metternich wollte sich das Regieren möglichst bequem machen, indem die Unterthanen sichs sinnlich wohl seyn lassen, aber so wenig als möglich denken sollten. Eine österreichische Literatur herzustellen, welche der des übrigen Deutschland in ächt deutscher Gesinnung und Genialität als höchste und reichste Entfaltung nationaler Geistesblüthe hätte überlegen werden können, dazu war er weder fähig, noch geneigt. Er weigerte sich sogar, eine Akademie der Wissenschaften in Wien aufkommen zu lassen, durch welche die deutsche Bildung in Oesterreich einen neuen Schwung hätte bekommen können, und bewilligte sie erst sehr spät und ohne ihren deutschen Charakter zu betonen, oder ihr einen andern specifisch österreichischen und specifisch katholischen Geist einzuhauchen. Er duldete nicht, daß große Männer in Oesterreich in Jugend und Volk eine Begeisterung erweckten. Theologie und Philosophie schliefen beinah ein. Nur in Fachwissenschaften, die jeder national-deutschen, kirchlichen und politischen Begeisterung fern blieben, wurde etwas geleistet. In dem Maaß aber, in welchem die Regierung lediglich nichts that, um das deutsche Element in Oesterreich zu heben, zu stärken, zu adeln, um den nichtdeutschen Unterthanen in den Provinzen das alte Uebergewicht des Germanismus im Austriacismus fühlbar zu machen, begannen jene nichtdeutschen Unterthanen, Italiener, Magyaren, Böhmen, sich in ihrer Nationalität zu fühlen. Während das Deutschthum in Oesterreich systematisch verkleinert und gleichsam ins Kindische hinabgedrückt wurde, verloren jene Nichtdeutschen den alten Respect vor den Deutschen, dünkten sich mehr und streckten sich, um ihnen über den Kopf zu wachsen.

Die Regierung in Wien hielt zwar die Zügel stramm, aber ihre Bureaukratie war so geistlos, daß sie, wenn sie auch Gehorsam erzwang, doch keine Achtung mehr erweckte. In dem steifen Polizeifragen der nach den großen Kriegen überall herrschend gewordenen Reaction und Stagnation lag etwas so absolut Unschönes, daß sich fast mit Nothwendigkeit eine Opposition romantischer Art dagegen erheben mußte. In Frankreich weckte man die großen Erinnerungen der Revolution und des Kaiserreichs in Darstellungen, denen ein unwiderstehlicher poetischer Zauber inwohnte. In England rief Lord Byron alles, was noch von Poesie in den Völkern des Occidents und Orients lebte, in den Kampf gegen die grauenhafte Prosa der Castlereagh, Maitland, Hudson Lowe. Auf dieses romantische Bedürfniß gründete auch Walter Scott das große Romanfabriksystem, das sich über die ganze Welt verbreitete. Oesterreich unter Metternich war es keineswegs allein, was jener Prosa der Stagnation huldigte, denn auf den Congressen zu Aachen, Troppau, Laibach und Verona spann die ganze europäische Pentarchie am Polizeizopf, aber in Oesterreich contrastirte die Prosa besonders stark mit der in seinem Völkerregenbogen noch lebhaft durchschimmernden alten Naturpoesie. Daher das Zurückgreifen der Italiener, Ungarn und Böhmen in die Erinnerungen ihrer Vorzeit, die Pflege eines der österreichischen Kanzleiprosa lustig trotzenden Nationalstolzes und das absichtliche Prunken in den alten Nationalcostumen. Die Regierung nahm daran keinen Anstoß. Sie schien im Gegentheil zu denken, je schärfer bei ihren Unterthanen die verschiedenen Nationalitäten sich ausprägten, um so mehr würden sie auch miteinander rivalisiren, und um so bequemer könne man eine gegen die andere benutzen, um alle unschädlich zu machen. So duldete und beförderte die Regierung auf den Akademien in Padua, Pesth und Prag den schwunghaften Cultus italienischer, magyarischer und czechischer Nationalität, während im Centrum der Monarchie der deutsche Patriotismus völlig lahm lag und statt des Restes von deutschem Geiste allmälig ein jüdischer Geist die Oberhand gewann. Bekanntlich war die Bewegung in den genannten Nationen nicht so ungefährlich, als Fürst Metternich sich eingebildet hatte. Die Verachtung alles Deutschen, der Haß gegen alles Deutsche in den nichtdeutschen Kronländern brach im Jahr 1848 in offne Empörung aus, deren schlimme Folgen für das Kaiserhaus noch immer nicht ganz überwunden sind.

Beginnen wir die Reihe der untreu gewordenen Kronländer mit Italien. Unter allen Kronländern wurden die Lombardei und Venetien von der österreichischen Regierung am meisten geschont und gepflegt. Sie allein waren von dem verhaßten Papiergeld befreit. Venedig kam als Freihafen wieder in Aufschwung. Bürger und Bauern gelangten zum erfreulichsten Wohlstand. Die deutsche Nationalität wurde hier auffallend gegen die italienische zurückgesetzt. Die deutschen Dörfer, die als Enclaven im venetianischen Gebiet Jahrhunderte hindurch von Seiten der Republik Venedig im Gebrauch ihrer deutschen Sprache unbeirrt geblieben waren, mußten sich jetzt erst von der österreichischen Regierung italienische Predigt und Schulunterricht aufdringen lassen. Dasselbe geschah in Südtirol, daher die deutsche Grenze dort immer weiter zurückgewichen ist. Wenn in einer deutschen Gemeinde nur einige Italiener sich angesiedelt hatten, wurden gleich gemischte Schulen eingerichtet, in denen nach kurzer Zeit die italienische Sprache allein noch geduldet wurde. Nach Schmellers Bericht durften sich die Priester weigern, in deutscher Sprache Beichte zu hören. Dieses unkluge System, die wackern und heldenherrlichen Deutschen in Südtirol zu Italienern zu machen, hat das Terrain schon bis in die Nähe von Meran erobert. Natürlicherweise zog die mazziniftische Propaganda Vortheil davon. Man ersann den Wahnsinn, die Tiroler seyen gar keine Deutschen, sondern Stammväter der Etrusker und heute noch Brüder der Florentiner. Daher müsse Italien bis an den Brenner reichen. Die Südtiroler wurden dermaßen von der italienischen Nationalpartei bearbeitet, daß sie ihrer alten oft bewährten Treue gegen das deutsche Reich entsagten, in Trient Verschwörungen anzettelten und die Trennung des südlichen vom nördlichen Tirol verlangten.

Die Ungarn, die in den großen Kriegen gegen Frankreich ihre Anhänglichkeit an das deutsche Kaiserthum aufs rühmlichste bewährt hatten, fühlten sich nachher in ihrer feurigen Ritterlichkeit um so widriger abgestoßen von der greisenhaften Prosa der deutschen Canzlei. Die Regierung versäumte, den Sinn des magyarischen Adels von den romantischen Illusionen auf eine nützliche Praxis hinzulenken und den Bemühungen des edeln Szechenyi um Ungarns Ackerbau, Industrie, Handel und Verkehr zuvorzukommen. Der üppige Boden Ungarns ermangelte noch sehr der Cultur, Straßen fehlten, die Zollschranken blieben verschlossen, ein großer Theil des Reichthums in Ungarn lag unbenutzt. Im eigenen Interesse hätte die österreichische Regierung diese vernachläßigte Cultur in großartigster Weise in Schwung bringen und damit ein eben so großes Colonisirungssystem verbinden sollen, um die zahlreichen, fruchtbaren, aber öde liegenden Landstriche an der untern Donau der Ueber völkerung Deutschlands zu einer ununterbrochenen Auswanderung und Ansiedlung zu öffnen. Von alle dem war nicht die Rede. Der junge Adel Ungarns, daheim sich langweilend, von einem noch unklaren Drange nach Neuerungen getrieben, gieng nach Paris und London, studirte dort Sitten und Verfassung und interessirte sich lebhaft für die parlamentarischen Kämpfe jener Länder, um den Oppositionsgeist von der Seine und Themse an die Theiß zu verpflanzen. Es war ein Unglück und für die Ungarn selbst kein Vortheil, daß sich ihr ganzes Interesse und leidenschaftliches Feuer von nun an in einer parlamentarischen und journalistischen Opposition concentrirte und formelle Rechtsfragen zur Hauptsache machte, anstatt auf dem Wege Szechenyis vorzuschreiten und ohne sich der deutschen Nationalität feindlich gegenüber zu stellen, in der allein wahrhaft fruchtbaren Weise Ungarn zu verjüngen und seine Kräfte zu mehren.

Die gutmüthigen Wiener Deutschen ahnten noch nichts von der Gefahr, die ihnen im wachsenden Deutschenhaß der Partei Kossuths drohte. Sie hatten ihre Freude an den schmucken Magyarenrittern in ihrem Nationalcostume. Historische Bilder aus Ungarns Vorzeit, Genre- und Landschaftsbilder aus der Pußta wurden Mode. Wie viele Wiener Damen verliebten sich in wie viele ungarische Dichter! und die Verse dieser Dichter wurden ins Deutsche übersetzt, und in liebenswürdiger Dummheit blieb man diesen Dichtern gut und achtete nicht darauf, wenn auch glühender Deutschenhaß oder kokette Verachtung alles Deutschen aus ihren Versen herausblitzte. Die Magyaren setzten durch, daß die bisher auf ihrem Reichstag gebräuchliche lateinische Sprache durch die ungarische ersetzt werden mußte, und der Kaiser fügte sich dieser Neuerung. Die Ungarn fielen dabei in Widerspruch mit sich selbst, denn indem sie das Recht ihrer eigenen Nationalität in Anspruch nahmen, versagten sie dasselbe dem Croaten, Slovaken, Serben, Rumänen und den Sachsen in Siebenbürgen und verlangten mit Ungestüm, diese alle sollten, als zu Ungarn gehörig, auch nur magyarisch reden.

Während Oesterreich nur stagnirend und mit dem Gewicht der Trägheit die aggressive Leidenschaftlichkeit der Ungarn zurückwies und aufhielt, aber selbst keinerlei Initiative ergriff, um das immer mehr aufgeregte Ungarn durch zeitgemäße Reformen, namentlich in Szechenyi'schem Sinne zu befriedigen, Ungarns Wohlstand zu mehren und flüssig zu machen, den Gewaltsangriffen der griechischen Kirche gegen die katholische im benachbarten Polen zu steuern, allen Katholiken in Osteuropa ihre solidarische Verpflichtung zum Bewußtseyn zu bringen und durch die oben besprochene Colonisation die Defensiv- und Offensivstärke der österreichischen Monarchie an diesen Ostgrenzen zu verdoppeln, operirte Rußland mit überlegenem politischen Verstande, um Polen allmälig immer sicherer zu russificiren und zu bekatholisiren und zugleich alle griechischen Christen in der Türkei seinem Einfluß zu unterwerfen und dem österreichischen zu entziehen. Die russische Intrigue regierte in der Moldau und Wallachei, in Bulgarien, Montenegro und Griechenland und führte einen Thronwechsel in Serbien herbei, um einen unabhängigen Fürsten daselbst zu verdrängen und einen russischen Günstling dafür einzusetzen.

In blindem Haß gegen die Deutschen mißkannten die Ungarn selbst die Gefahr, mit der ihnen die russische Uebermacht drohte. Als es Rußland seiner Politik angemessen fand, nachdem Oesterreich durch die Revolution von 1848 aufs tiefste erschüttert worden war, die österreichische Restauration gegen die Revolution, welche Rußland in Polen und am Pruth selbst bedrohte, mit der gnädigen Herablassung eines Protektors zu unterstützen, begiengen die Ungarn die Thorheit, diesen schrecklichen russischen Bären, indem er sie in seinen Tatzen erdrückte, noch liebenswürdig zu finden und mit ihm zu kokettiren, indem sie sich mit der letzten Ostentation nicht ihrem rechtmäßigen Könige, dem Kaiser Franz Joseph, sondern dem russischen Feldherrn ergaben, damit dieser seinem großmächtigen Czaren sagen konnte: „Ungarn liegt Eurer Majestät zu Füßen!"

Görgey hätte damals wohl überlegen dürfen, daß das ritterliche und freisinnige, katholische und protestantische Volk der Ungarn mit Deutschland verbunden nichts von seinen edelsten Nationalgütern verloren hat, da es im Gegentheil, wenn es je mit Rußland verbunden würde, alle diese Nationalgüter verlieren, und unvermeidlich dem alles russificirenden und gräcisirenden System verfallen, das jammervolle Schicksal Polens erfahren würde. Jeder unbefangene Magyar muß einsehen, daß ihm die Verbindung mit Oesterreich und überhaupt mit der deutschen Machtsphäre mehr Selbständigkeit, Freiheit, Ehre, Bildung, materielle und moralische Vortheile, constitutionelle Rechte ꝛc. gewährt, als ihm die Verbindung mit dem Czarenthum jemals gewähren könnte.

Wir gehen zu Böhmen über. Das Königreich Böhmen ist schon so lange als Kurfürstenthum dem deutschen Reich einverleibt gewesen und wird von so zahlreichen Deutschen bewohnt, daß es unmöglich mehr von Deutschland losgerissen werden kann. Die Czechen gehörten immer zu den Begünstigten am Wiener Hof und nahmen die ersten Stellen im Staats- und Armeedienst ein. Seit 400 Jahren hat niemand mehr daran gedacht, einen czechischen Sonderstaat aus Böhmen zu machen. Auch die neue czechische Partei hat klein angefangen und sich erst nach und nach in Anmaßungen gegen die Deutschen gesteigert, indem sie das Beispiel Ungarns vor Augen hatte und polnische und russische Panslavisten mit den Czechen kokettirten. Angeregt durch den Eifer, mit dem unter der napoleonischen Herrschaft die Brüder Grimm und andere deutsche Gelehrte die ruhmwürdigen Erinnerungen der deutschen Vorzeit sammelten, fiel es dem böhmischen Gelehrten Wenzel Hanka ein, angebliche altböhmische Heldenlieder zu veröffentlichen, die er in einer Königinhofer Handschrift entdeckt haben wollte, im Jahr 1817. Ein Betrug, wie der, welchen sich der Engländer Macpherson mit den Liedern Ossians erlaubt hat, nur daß Macpherson an einigen echten alten Liedern wenigstens Anhaltspunkte hatte, indeß Hanka seinen Stoff lediglich aus Hageks fabelhafter Chronik und sogar aus modernen Büchern, z. B. aus einem Gedicht von Herder schöpfte. Der Betrug Hankas ist durch Feifalik und andere gründlich nachgewiesen. Die angebliche Handschrift ist verfälscht und modern. Die angeblich alten Lieder schildern die Stadt Prag, wie sie erst in später christlicher Zeit gebaut war. Ebenso enthalten sie die gröbsten Verstöße gegen Sitte und Gewohnheit der ältern Zeit. Anfangs dachte freilich niemand an Betrug, und obgleich die Lieder viel leidenschaftliche Feindschaft gegen die Deutschen durchblicken ließen, wurden sie doch von den gutmüthigen Deutschen als ein köstlicher wissenschaftlicher Fund bewundert, übersetzt und gedruckt. Nun konnte der slavische Ungar Kollar schon noch einen Schritt weiter gehn und auf eine ganz unvernünftige Art die Slaven in jeder Beziehung hoch über die Deutschen stellen. Man nahm in Deutschland von diesem lächerlichen Gebahren mit Recht keine Notiz. Nur Professor Wuttke, als Vorkämpfer der Deutschböhmen um die deutsche Sache vielfach verdient, hat im Jahr 1848 Kollars, nur auf die gänzliche Unwissenheit slavischer Leser berechneten Rodomontaden widerlegt. Uebrigens war Kollar nur ein Diener russischer Politik, denn schon im Jahr 1827 suchte er in einem Gedicht (Slavy dcera), das unter den Slaven viel Aufsehn erregte, die freisinnigen Polen von ihrem Russenhaß abzubringen, was ihm, wie man weiß und schon die Revolution von 1831 bewies, nicht gelungen ist. Im Jahr 1848 sammelte sich in Prag ein sog. allgemeiner Slavencongreß, der jedoch der Erwartung weder der böhmischen, noch polnischen Panslavisten entsprach und auch nicht entsprechen konnte, da die wenigen Slaven in Oesterreich die slavische Gesammtheit nicht darstellten, während alle russischen oder von Rußland beherrschten Slaven fehlten. Daher die Häupter der czechischen Partei sich bald wieder um das Panier des österreichischen Kaisers schaarten und demselben gute Dienste gegen die Ungarn leisteten.

Wobei wir nicht entscheiden wollen, ob diese Wendung der Dinge durch die Kanonen des Fürsten Windischgrätz allein oder nicht allein herbeigeführt worden ist.

Der Panslavistische Gedanke wurde von der russischen Regierung adoptirt, soweit er ihr nützlich werden konnte. Die russischen Geschichtschreiber Karamsin, Bulgarin ꝛc. erhoben die Slaven über alle andern Racen. Vor dem Krimkriege posaunten die Petersburger Blätter in die Welt hinaus, Germanen und Romanen, das ganze nicht-slavische Europa habe sich überlebt und sey gänzlich verderbt und gottlos, das Volk des heiligen Rußland allein sey unverdorben, frisch und fromm geblieben, ihm gebühre die Weltherrschaft und es werde dem ungläubigen Europa (den Westmächten und Oesterreich) zum Trotz das Kreuz auf der Hagia Sophia in Constantinopel wieder aufrichten. Auch in Polen suchte Rußland den Panslavismus auszunutzen, und was schon Kollar gerathen hatte, machte sich Wielopolski zur besondern Aufgabe in Polen durchzuführen, nämlich einen freiwilligen und herzlichen Anschluß der Polen an die Russen, weil beides slavische Brudervölker seyen. Seine Versuche mißlangen, die Polen wollten nicht russisch werden.

Was nun Böhmen betrifft, so fiel es auf, daß im Jahr 1862 an die namhaftesten Czechomanen daselbst eine Menge russische Orden ausgetheilt wurden und daß an einigen Punkten, namentlich in Mähren beim Jubelfest des h. Method (Methodius), des Apostels der Mähren, den die griechische Kirche gern ausschließlich für sich anspricht, mehrere Redner vor dem Volke sich in einem Sinne aussprachen, den man als russische Gesinnung kaum verkennen konnte. Und gerade damals erfolgte auch die Erklärung des in Weimar tagenden Nationalvereins, Venetien gehe die Deutschen nichts an. Wir waren zufällig in der Nähe und glaubten aus beiden Vorgängen schließen zu dürfen, daß in der Politik Rußlands mehr Verstand zu finden ist, als in der Politik des deutschen Nationalvereins.

Nur Italiener, Magyaren und Czechen haben den Deutschen eine feindliche Front dargeboten. Die Croaten, Slavonier, Serben, Rumänen, Siebenbürger Sachsen hielten aus Nothwehr, um sich der magyarischen Anmaßungen zu erwehren, immer zum Kaiser. Ebenso das ruthenische Volk in Galizien im Gegensatz gegen den polnischen Adel.

Diese kleinen nicht-deutschen Völkerschaften, die im Osten zur deutschen Machtsphäre gehören, vermögen nicht selbständig zu seyn, weil sie zu schwach sind. Ungarn, Böhmen, Croaten, Walachen, würden, wenn sie nicht mehr dem österreichischen Doppeladler unterthan wären, es dem russischen werden. Rußlands Macht ist viel zu überwältigend, als daß sie sich derselben erwehren könnten, wenn ihnen die deutsche Macht nicht mehr Schutz gewährt. Auch hat Rußland ein Interesse, bis zum adriatischen Meere vorzudringen, wie seine Besitznahme der jonischen Inseln seiner Zeit bewiesen hat. Die Opposition der Magyaren und Czechen ist nicht blos gegen die österreichische Dynastie, sondern auch gegen die deutsche Nation gerichtet. Sollte es ihnen jemals gelingen, sich von Haus Oesterreich loszureißen, so würden sie sich einer andern deutschen Macht gewiß nicht wieder unterwerfen wollen. Preußen würde nicht im Stande seyn, sich dieselben zu annectiren, da es Rußland, Italien und Frankreich gegen sich haben würde. Diese Länder würden also der deutschen Machtsphäre entzogen werden, um bald nachher in die russische hineingezwungen zu werden. Alsdann wären nicht nur die Deutschen in Siebenbürgen für immer von uns abgeschnitten und für uns verloren, sondern auch die wichtige militärische Position in Siebenbürgen, die einzige, die bisher noch an den Grenzen des deutschen Machtgebiets Rußland wirksam zu bedrohen vermocht hat. Nur weil im letzten Türkenkriege eine österreichische Armee in Siebenbürgen stand, mußten die Russen ihre Operationen an der untern Donau eilig einstellen und über den Pruth zurückweichen, denn sie wären sonst abgeschnitten worden und hätten capituliren müssen. Dies ist die einzige militärische Position im deutschen Machtgebiet, durch welche Rußland bei seinen Absichten auf die Türkei genirt wird. Aber daran denken die Herren vom deutschen Parlament und Nationalverein nicht. Sie machen Grundrechte wie Seifenblasen, aber wie sie einmal Deutschland gegen den gewaltigen Czaaren vertheidigen sollen, davon verstehen sie nichts, daran denken sie nicht. Sie haben in der Paulskirche zu Frankfurt den Agenten Kossuths, unseres schlimmsten Nationalfeindes, Ovationen bereitet, und ihre Gesinnungsgenossen haben noch vor wenigen Jahren Garibaldis Alpenjäger nach demselben Frankfurt zum deutschen Schützenfest eingeladen. Der Nationalverein selbst hat öffentlich in seinem Herbstprogramm von 1862 erklärt, es liege nicht im deutschen Nationalinteresse, Venetien zu behaupten. Gesetzt nun, Venetien wäre im Besitz Victor Emanuels, und Ungarn ein selbständiges, vom deutschen Kaiserhause unabhängiges oder von russischem Einfluß beherrschtes Reich, so würden sich Italien und Ungarn alsbald über Dalmatien und Croatien hinüber die Hände reichen, und Triest würde kaum mehr vom deutschen Rest des zertrümmerten Oesterreich behauptet, noch weniger aber von Preußen geschützt werden können. Somit hätte der Rumpf des deutschen Reichs nach dem einsichtsvollen Plan des Nationalvereins nicht nur die militärische Position in Siebenbürgen, jeden ferneren Einfluß auf den Orient, jede Möglichkeit, die Donauländer gegen Rußland zu schützen, sondern auch seinen einzigen Hafen am Mittelmeer verloren. Es wäre in der That eine etwas zu schwere Aufgabe für Preußen, Deutschland alles das zu ersetzen, was in der bezeichneten Weise durch die Zertrümmerung Oesterreichs für das deutsche Machtgebiet verloren gehen würde.

Ein Mann, der uns Deutschen nicht eben wohl will, der Nestor der czechischen Partei in Böhmen, der berühmte Geschichtschreiber Palacki, schrieb im Jahre 1848 doch unparteiisch, mit welthistorischem Ueberblick und der Wahrheit gemäß: „Rußland, im Innern fast unangreifbar und unzugänglich, hat schon längst eine drohende Stellung nach außen angenommen und sucht, wenngleich auch im Norden aggressiv, doch vorzugsweise nach dem Süden sich auszubreiten. Jeder Schritt auf dieser Bahn vorwärts führt zur Universalmonarchie, welche ich im Interesse der Humanität nicht weniger tief beklagen würde, wenn sie sich auch als eine vorzugsweise slavische ankündigen wollte. Die verschiedenen kleinen Völker an der Südgrenze Rußlands sind keines für sich mächtig genug, dem übermächtigen Nachbar erfolgreichen Widerstand zu leisten. Das können sie nur, wenn ein einiges und festes Band sie alle miteinander vereinigt. Die wahre Lebensader dieses Völkervereins ist die Donau; seine Centralgewalt darf sich daher von diesem Strome nicht viel entfernen, wenn sie überhaupt wirksam seyn und bleiben will. Wahrlich, existirte der österreichische Kaiserstaat nicht schon längst, man müßte im Interesse Europas, im Interesse der Humanität sich beeilen, ihn zu schaffen."

Wenn je, was Gott und die Einsicht der Deutschen verhindern möge, Ungarn und Böhmen vom deutschen Kaiserhause unabhängig würden und, wie es in diesem Falle nicht anders kommen könnte, nur zu bald russisch werden müßten, würden sie tief schmerzlich an jene goldenen Worte Palacki's sich erinnern.

Den Anhängern des Nationalvereins im südwestlichen Deutschland muß bei diesem Anlaß gesagt werden, daß wenn Böhmen ein unabhängiges oder von Rußland beeinflußtes czechisches Reich würde, ihr Bayern, Württemberg, Baden, Hessendarmstadt, Nassau sammt der deutschen Parlamentsstadt gar sehr in die Klemme kommen würden, denn die deutsche Grenze würde auf einer Seite schon bei Regensburg, die andere bei Straßburg anfangen, und in dieser Sackgasse würden sie wohl den Rheinbund erneuern müssen, denn wenn sie auch, diesmal ohne Vorbehalt gegen den Grafen Bismarck, Preußen um Hülfe bitten würden, wäre Preußen doch schwerlich im Stande, das nach dem einsichtsvollen Plane des Nationalver=

eins so gar schön zersetzte deutsche Reich wieder zusammenzuflicken.

Auch die Schweiz würde der Spielball Frankreichs werden. Auch dort würde man, wenn auch zu spät, Denkübungen anstellen.

Es scheint uns indeß, die Gefahr sey nicht so groß, es herrsche, eine Minderheit von Hitzköpfen ausgenommen, sowohl in Ungarn als in Böhmen noch alte Anhänglichkeit an Deutschland, oder wenigstens die Einsicht, daß diese Länder unter allen Umständen besser fahren, wenn sie mit der gemüthlichen, rechtlichen und hochgebildeten deutschen Nation verbunden bleiben, als wenn sie sich in die russische Uniformität zwingen lassen müßten.

Nachdem wir das Verhältniß der Nationalitäten im Kaiserreich zur kaiserlichen Centralregierung dargelegt haben, gehen wir zu den kirchlichen Zuständen über. Die katholische Kirche in Oesterreich ist durch Unglauben nicht so unterwühlt worden, wie die protestantische in Norddeutschland. Aber es geschah auch nichts, um den guten alten Köhlerglauben des Volks und des unteren, in manchen Provinzen nur wenig gebildeten Klerus mit etwas mehr Geist zu durchdringen und das schläfrige Herkommen wenigstens in ein höheres katholisches Selbstbewußtseyn zu verwandeln, was vorzugsweise zeitgemäß gewesen wäre, als ganz in der Nähe die katholische Kirche in Polen die grausamste Verfolgung erdulden mußte. Wenn in Rußland alles in Bewegung gesetzt wurde, um Volk und Heer für den griechischen Glauben zu begeistern, verrieth Oesterreich nur eine Schwäche und Mangel an politischer Voraussicht, indem es das Mitgefühl seiner Katholiken einschläferte, statt es zu wecken, und von der Macht des Glaubens, welche Rußland so gut zu benutzen verstand, gar keinen Gebrauch machte.

Wir sahen oben schon, wie das deutsche Element in Südtirol von der Regierung vernachlässigt und dem italienischen aufgeopfert worden ist. Auch in Bezug auf seinen Glauben wurde das treue Volk der Tiroler von der Regierung schwer bedrängt, und zwar ohne alle Noth, ohne alle weise Voraussicht, nur zum eigenen Schaden der Regierung. Als der Schmerling'sche Liberalismus in Wien seine Experimente machte, wurde den Tirolern ihre katholische Glaubenseinheit genommen, das Land sollte mit allen bürgerlichen Rechten auch Nichtkatholiken geöffnet werden. Als Volk und Landstände in Tirol sich dagegen wehrten, intonirten die Wiener Judenblätter ein Zetergeschrei, welchem der gedankenlose Liberalismus in ganz Deutschland nachschrie. Die allgemeine Toleranz, die Humanität schienen beeinträchtigt zu seyn. Aber Tirol hat mit seinem Katholicismus den deutschen Protestanten niemals wehe gethan. Es hat sie als Gäste immer freundlich und jahrelang bei sich aufgenommen. Es hat seine Art und Weise niemand aufgedrungen und nur verlangt, daß man auch ihm nichts Fremdes aufbringe. Es war immer gut deutsch, trotz irgend einem andern deutschen Volksstamme. Als Norddeutschland seinen Schill und Braunschweiger Herzog hatte, gesellte ihnen Tirol seinen herrlichen Sandwirth zu, den Stolz nicht blos der Tiroler, sondern aller Deutschen. Das deutsche Tirol war seit vielen Jahrhunderten das unerschütterliche Bollwerk der deutschen Nationalität gegen Süden. Wie oft brachen sich die Wellen mailändischer und französischer Heere an den unnahbaren Tiroler Bergen. Lange vor dem unvergeßlichen Jahre 1809 übte schon das Tiroler Volk die gleiche Treue an Deutschland und schlug, obgleich nur ein kleines armes Bergvolk, die stolzesten Heere Welschlands und Frankreichs zurück. Diesen Muth und diese Kraft aber schöpfte das Tiroler Volk aus seiner uralten Einigkeit im Glauben, in der Sitte und Tracht. Ein Edelstein unter den deutschen Völkerstämmen, den man nicht sollte zerschlagen oder verfälschen wollen.

Das Tirol steht immer auf der Wacht, denn es hat den Feind immer dicht vor der Thüre. In dem italienisch redenden Südtirol sind die gebildeten Classen durch lange nnd systema=

tische Aufreizung wie gegen die Deutschen, so auch zugleich gegen die katholische Kirche fanatisirt. Ueberredet oder bestochen folgen sie dem Panier Cavours im wüthenden Hasse gegen die Tedeschi und gegen den Papst, dessen weltliche Herrschaft in Rom ein Hinderniß für die italienische Einheit und die Ausführung der sardinischen Pläne ist. Es versteht sich mithin von selbst, daß, sowie sich erst Protestanten in Tirol angesiedelt haben würden, auch ein Strom von Agenten theils der italienischen und französischen, theils der englischen Propaganda hereinbrechen würde, um die Tiroler an ihrem guten alten Glauben irre zu machen und dadurch auch ihre innere Kraft zu brechen. Man würde, wie in Italien, englische Traktätlein voranschicken, aber nur im Dienst der italienischen Revolution wirken lassen, und wenn die Verführung gelänge, würde Deutschland sein bisher festestes und treuestes Bollwerk gegen Süden durch innern Verrath verloren haben, und der deutsche Liberalismus würde, indem er den protestantischen Sieg in Tirol feierte, nur aufs neue beweisen, daß er das deutsche Nationalinteresse gar nicht versteht.

Im Ganzen war es ein Glück für Oesterreich, daß die Regierung in der langen Periode Metternichs mit der Kirche nicht viel experimentirte, sondern sie bestehen ließ, wie sie war. Wenn die Regierung den kirchlichen Geist auch nirgends durch hochbegabte Lehrer wie in Frankreich, Preußen, Bayern beleben ließ, so duldete sie doch auch keine gefährlichen Neuerungen, und die Provinzen erfreuten sich ihres guten alten Köhlerglaubens. Dieser identifizirte sich um so mehr mit der speziellen Nationalität der Provinzialen, als von der Regierung aus nichts geschah, um etwa durch die kirchliche Einheit auch politisch zu uniformiren. Obgleich nun die katholische Kirche an sich die einige und untheilbare ist, so hat doch die Erfahrung gezeigt, daß der Klerus in Oesterreich nicht unionistisch, sondern föderalistisch gesinnt ist. Eine Thatsache, die, wenn wir nicht irren, auf den Systemwechsel der Regierung im letzten Jahre Einfluß geübt hat. Möge das den wackern Tirolern und der Glaubenseinheit ihrer Grafschaft zu Gute kommen!

Das deutsch-österreichische Volk verhielt sich unter dem Polizeisystem Metternichs nur zu passiv. Es hätte viel mehr aufmerken, die Anmaßungen und Beleidigungen der Nichtdeutschen nicht so geduldig hinnehmen sollen. Vor allem aber hätten die gebildeten Classen, die in der österreichischen Literatur den Ton angaben, mehr deutschen Nationalstolz bewähren sollen, wie es ihnen auch zukam, der gemüthlichen Volksthümlichkeit und Frömmigkeit des deutschen Oberlandes Ausdruck zu geben. Gegenüber so vieler ungemüthlichen und gottlosen Windbeutelei in der norddeutschen Literatur hätten die Wiener, wenn sie nur sich selber treu geblieben wären, etwas Großes leisten können. Allein man hatte sie früher in der lateinischen Jesuitenschule nicht auf den deutschen Ton gestimmt, und seit Joseph II. waren sie in den Bann der seichtesten Aufklärerei gerathen. Nach den großen Kriegen kam eine neue Dichterschule in Wien auf, die aber nicht die deutsche Nationalität gegen die mißvergnügten und rebellischen Geister in Italien, Ungarn und Böhmen vertrat, sondern vielmehr mit denselben gemeine Sache machte und mit ihnen wetteiferte, nach der liberalen Schablone der Zeit nur immer Freiheit und Freiheit zu verlangen. So weit diese Bewegung gegen das mumienhafte Metternich'sche System gerichtet war, erschien sie natürlich, allein die Wiener Poeten fraternisirten viel zu viel mit den undeutschen Revolutionären, welche nicht bloß gegen Metternichs Regierung, sondern auch gegen die deutsche Nationalität ankämpften. Alles gieng freilich mit natürlichen Dingen zu. Der eigenthümliche deutsch-österreichische, süddeutsche Geist war eben schon zu lange in Wien vernachläßigt. Seit Denis den Klopstock, Blumauer den Wieland nachahmte, die Bühnendichter alles nach dem Maaße hier Schillers, dort Kotzebues und Scribes zuschnitten, die s. g. Lerchen oder Wiener Dichter des Völkerfrühlings nur Beranger und Heine, die schwersenfzenden

Europamüden, von denen ursprünglich die Lüge der Metzischen Schmerzenskinder herstammt, nur Lord Byron, Silvio Pellico, Leopardi, Mickiewicz ꝛc. nachäfften, war die ganze Wiener Poesie etwas dem Volke Fremdes, Aufgeklebtes, Unwahres, und floß kein Tropfen echt österreichischen Blutes in der Wiener Muse, mit einziger Ausnahme einiger gemüthlicher Märchenpossen des Leopoldstädter Theaters und besonders der liebenswürdigen, recht volksmäßigen Dichtungen Raymunds. Katholisch wie das Volk selbst, waren die Poeten nun vollends gar nicht. Eher schien es, sie seyen größtentheils beschnitten worden.

Das jüdische Literatenthum in Wien, das sich so ungeheuer breit macht und mit geringer Ausnahme die Leitung aller Zeitungen inne hat, ist das natürliche Kind der jüdischen Börse. Die Presse gehört den Geldmännern. Man darf den Juden keinen Vorwurf machen, sie sind weder Deutsche noch Christen und ihr nationaler Instinkt ist auf Geldgewinn gerichtet. Eine andere Frage ist, ob der christliche Staat weise handelt, der ihnen die Schicksale seiner Finanzen und die Leitung seiner Presse anvertraut?

Oesterreich hatte die Aufgabe, sein katholisches Christenthum zu betonen, hauptsächlich im Hinblick auf Polen. Es hatte eine große Mission im Osten Europas zu erfüllen, die abendländische Kirche bis an ihre östliche Grenze zu schirmen und wo möglich auszubreiten.

In Polen tritt das Tieftragische, was in unserem Zeitalter trotz seiner Vergnügungssucht, seines Dünkels und seines Uebermuthes liegt, in auffallender Weise hervor. Wenn das germanische und romanische Abendland unter einem höhern, welthistorischen Gesichtspunkt berufen war, seine Geistesbildung, seinen sittlichen Adel dem slavischen und tatarischen Osten mitzutheilen, so ist doch gerade das Gegentheil erfolgt, indem das barbarische Slaven- und Tatarenthum erobernd in den Westen einbrach. Wie war dieser welthistorische Umschlag möglich? Wir glauben nicht, daß die militärische Energie und diplomatische Schlauigkeit der Czaren allein das Wunder bewirkt hat. Hier greift eine höhere Hand in die Weltgeschicke ein. Das Abendland hat sich nicht würdig genug erwiesen, den Orient in die Schule zu nehmen. Schon im 16. Jahrhundert war Iwan Wasiliewitsch, der Schreckliche, an der Spitze seiner rohen, alles mordenden, raubenden und niederbrennenden Russen, völlig berechtigt, das Land der deutschen Ritter an der Ostsee wüst zu legen und auszumorden, weil die deutschen Ritter, ihres Ursprungs und ihres edlen Berufs vergessend, in alle Laster versunken waren. Nicht besser verhielt sich der katholische Adel Polens, als im vorigen Jahrhundert das Verhängniß an ihn herantrat. War dieser habgierige und genußsüchtige, überall von Juden umlauerte, beschmeichelte, verführte und ausgebeutelte Adel, der seine Stimme dem meistbietenden Prinzen des Auslandes verkaufte, noch würdig und fähig, abendländischen Geist und edlere Gesittung über Smolensk hinaus auszubreiten? Wie ganz anders hat dereinst der spanische Adel seine christliche Mission erfüllt! Ihm mußte der Islam weichen. Wäre der polnische Adel gleich dem spanischen seiner kirchlichen und civilisatorischen Mission eingedenk geblieben, so wäre er stark genug gewesen, die Machtsphäre des Abendlandes gegen den barbarischen Osten immer weiter auszudehnen. Indem er aber in Luxus und Entsittlichung versank, wurde er dazu unfähig.

Polen ist dem Abendland verloren und der orientalischen Machtsphäre zugefallen. Noch zuckt es im letzten Todeskampfe. Noch hat Rußland wegen der immer und immer wiederkehrenden Revolution in Polen, welche einen Theil der Russen selbst anzustecken drohte, auf Preußen und Oesterreich einige Rücksicht nehmen müssen. Wenn es aber erst Polen gänzlich bekatholisirt und russisch gemacht haben wird, fällt jene Rücksicht weg, und es wird hinter der süßredenden Zunge die unbarmherzigen Zähne hervorscheinen lassen. Der unveränderliche Gedanke Rußlands ist die Eroberung, und bald wird die Reihe an uns

Deutsche kommen, wenn Preußen und Oesterreich nicht fest zusammenhalten.

Oesterreich ist nicht im Falle, alle seine Aufmerksamkeit ostwärts zu richten, weil es noch in Italien bedroht und im eigenen Innern beunruhigt, noch lange nicht mit sich selber fertig ist. In keinem andern Großstaat der jüngsten Zeit haben die Systeme so oft gewechselt und sind so viele Palliativmittel versucht worden, ohne das innere Uebel bis jetzt gründlich heilen zu können. Als das alte Metternich'sche Regime im Jahr 1848 plötzlich im bodenlosen Abgrund der Anarchie versunken war, versuchte man, nach glücklicher Ueberwindung der Revolution im Innern und nach glücklich beendigtem Krieg in Italien und Ungarn, nur mit andern Personen es wieder herzustellen. Die in der Noth improvisirte Reichsverfassung wurde aufgehoben, der Reichstag aufgelöst, der monarchische Absolutismus hergestellt. Der energische Fürst Felix von Schwarzenberg wiegte sich indeß in zu große Sicherheit ein und begieng den Fehler, anstatt mit Preußen und dem übrigen Deutschland sich ins bundesfreundlichste Vernehmen zu setzen und immer nur Wacht zu halten gegen das Ausland, vielmehr sich an Preußen zu reiben, die norddeutschen Interessen ins Gesicht zu schlagen und den uns so verderblichen russisch-dänischen Plan in Bezug auf die dänische Erbfolge zu unterstützen. Kaiser Nikolaus durfte Preußen von Warschau aus bruskiren, weil Oesterreich anstatt auf deutscher, auf russischer Seite stand, und Preußen hatte in seiner Isolirung nur die Wahl, sich gegen Oesterreich und Rußland zugleich schlagen, oder nachgeben zu müssen. Es wählte das letztere mit edler Resignation und großem Verstande, mit weit mehr Verstande, als ihn Fürst Schwarzenberg kund gab, der nicht zauderte, es auf einen deutschen Bruderkrieg ankommen zu lassen. Wenn Oesterreicher gegen Preußen, Deutsche gegen Deutsche gekämpft und einander zerfleischt hätten, unter dem schadenfrohen Hetzrufen Frankreichs und Rußlands, hätte Deutschland die fluchwürdigen Zeiten des dreißigjährigen

Krieges wieder erlebt und die Fremden würden wieder ihr Beutetheil von Deutschland abgerissen haben. Es war daher großherzig vom König von Preußen, Friedrich Wilhelm IV., sich einer vorübergehenden Demüthigung zu unterziehen und damit den Frieden in Deutschland zu erhalten. Die Situation des Herrn von Manteuffel in Olmütz gegenüber dem Fürsten Schwarzenberg unter der unvermeidlichen Präsenz des Herrn von Meyendorf, der hier im Namen Rußlands die Wagschaale in den Händen hielt, war keine beneidenswerthe. Aber um so mehr gereicht ihm seine Geduld und Besonnenheit zur Ehre. Wer, um Rußland buhlend, wie damals Schwarzenberg, seinen deutschen Bruder demüthigte, auf dessen Seite war die Ehre nicht.

Dagegen reinigte sich Oesterreich von der Schuld, die es durch Unterstützung der russischen, die dänische Erbfolge betreffenden Intrigue an den deutschen Interessen begangen hatte, durch sein, den deutschen Interessen förderliches Auftreten gegen Rußland im Krimkriege, und diesmal trifft Preußen die Schuld, den günstigen Augenblick nicht wahrgenommen zu haben, um Rußland wenigstens Concessionen abzudringen zu Gunsten der Elbherzogthümer und Polens, welches den europäischen Verträgen zuwider von Rußland mißhandelt war, und auch in Bezug auf Handel und Verkehr. Es wäre in jeder Beziehung für das Gesammtinteresse Deutschlands im Krimkriege besser gesorgt gewesen, wenn Preußen mit Oesterreich gemeinschaftlich gehandelt hätte, wie es zehn Jahre später im dänischen Kriege geschah.

Durch die Bomben aufgeschreckt, die ihn in Paris bedrohten, nahm sich Napoleon III. der italienischen Agitation an; er würde jedoch nicht gewagt haben, zu Gunsten der Italiener einen Krieg mit Oesterreich anzufangen, wenn er nicht die Spannung zwischen Oesterreich und Preußen in Berechnung genommen und gehofft hätte, Preußen würde Oesterreich im Stich lassen. Als Preußen dennoch seine Heere an den Rhein schickte, brach Napoleon III. augenblicklich den Krieg ab, wodurch er bewies, daß er es mit beiden deutschen Großmächten zugleich aufzunehmen nicht wagte. Unter diesen Umständen hätte Oesterreich mit Frankreich gar nicht Frieden schließen sollen. Frankreich wäre durch Preußen so bedroht gewesen, daß sein Kaiser selbst hätte dahin zurückkehren müssen. Er würde auch einen Theil seiner Offensivarmee haben zurückziehen müssen. Gewiß wenigstens hätte er sie während des heißen Sommers nicht den vergeblichen Versuch machen lassen, das österreichische Festungsviereck zu erstürmen. Oesterreich brauchte also mit seinem Frieden gar nicht so zu eilen, und die preußische Hülfe wäre sogar vier Wochen später noch nicht zu spät gekommen.

Die Mißgriffe, die hier begangen worden waren, die Art, wie man die treffliche, zum Kampf begeisterte Armee Radetzkis dem gänzlich unfähigen Gyulai und die Verpflegung derselben habgierigen Juden und ihren christlichen Gönnern in Wien, welche das Geld auf die Seite schafften und die braven Truppen hungern ließen, anvertraut hatte, mußte eine tiefe Mißstimmung auch in den Gemüthern der loyalsten Oesterreicher hervorrufen, und nachdem durch die Processe Eynatten und Bruck auch nur ein kleiner Theil der ungeheuren Betrügereien in der Verwaltung enthüllt worden war, hielt es die Regierung für rathsam, vom bisherigen System abzuweichen und dem Volke wieder Vertrauen einzuflößen mittelst liberaler Concessionen, wie sie Oesterreich eigentlich gar nicht braucht, denen die Mode der Zeit aber einen glänzenden Schein verlieh. Man berief Vertrauensmänner in einen provisorischen Reichsrath. Man machte Schmerling zum Minister. Man nahm die ganze liberale Schablone an, das beliebte Spielzeug politischer Kinder. Man ließ die Judenblätter für Toleranz und Humanität pauken und trompeten und quälte die armen treuen Tiroler mit eben so unkluger als ungerechter Störung ihrer Glaubenseintracht. Das ganze Experiment genügte aber nicht, weil es der wahren Natur der Bevölkerungen nicht angemessen war. Der Reichstag kam nie vollzählig zusammen, die Ungarn stießen einstimmig Schmerlings klingelnde Geschenke zurück. Zugleich stieg, Dank der verjährten Judenwirthschaft, die Finanznoth. Da sich die Ungarn versagten und auch in andern Kronländern mehr Werth auf Autonomie der einzelnen Nationalitäten, als auf den Liberalismus gelegt wurde und eigentlich nur die Deutsch-Oesterreicher der neuen Reichsverfassung anhingen, versuchte das Wiener Cabinet, dieser deutschen Partei im Reich vom deutschen Bunde aus eine Unterstützung und einen Rückhalt zu geben, der den Ungarn imponiren und ihren Widerstand schwächen sollte. Gerade damals schloß Preußen für den Zollverein einen Handelsvertrag mit Frankreich ab, wodurch Oesterreichs künftiger Anschluß an den Zollverein erschwert wurde. Zugleich brach die unglückliche polnische Insurrection aus, wozu der gesammte Liberalismus zwar Beifall rief, ohne aber eine Hand für Polen zu rühren. Preußen duldete nicht, daß diese voreilige Insurrection, die keinerlei Aussicht auf Erfolg hatte, seine Grenzen beunruhige. Oesterreich konnte daher, indem es den flüchtigen Polen seine Grenzen öffnete, wohlfeil das Lob der liberalen Blätter eincassiren. Zum erstenmal wandte sich nun Oesterreich huldvoll dem Liberalismus der deutschen Mittel- und Kleinstaaten zu, denen es bisher nur eine gründliche Verachtung zu erkennen gegeben hatte. Ja es brachte sogar, nur unter dem neuen Namen der Delegirtenversammlung, die Wiedereröffnung eines deutschen Parlaments in Antrag. Es ist bekannt, daß auch dieser Versuch fehlschlug, obgleich der österreichische Kaiser in Person nach Frankfurt a/M. kam und dort einen glänzenden Fürstentag abhielt. Preußen konnte diesem Fürstentag die Hand nicht bieten, weil ihm die von Oesterreich vorgeschlagene Bundesreform sein Stimmrecht verkürzt, seinen Rang unter den Mächten herabgesetzt haben würde. Ein Versuch, die Mittelstaaten unter österreichischer Spitze enger zu conföderiren, mißlang. Sämmtliche Zollvereinsstaaten stimmten sogar dem französischen Handelsvertrage zu, und somit war Oesterreich wieder isolirt, und die Hoffnung, es werde sich den Ungarn gegenüber auf die Hülfe von ganz Deutschland verlassen können, wieder vereitelt.

Daß es so kam, muß bedauert werden. Die Uneinigkeit zwischen Preußen und Oesterreich, die hier wieder zu Tage trat, konnte nur den Trotz der Ungarn steigern, wie sie auf der andern Seite auch den Trotz der Dänen gesteigert hat; denn sicher hätte sich das Cabinet in Kopenhagen nicht so maaßlosem Uebermuthe gegen die Deutschen hingegeben, wenn es sich je die Möglichkeit hätte denken können, daß Preußen und Oesterreich sich doch noch einmal einigen würden. Man braucht sich nur zu erinnern, welche höhnische Sprache sich damals die dänischen und englischen Blätter gegen Deutschland erlaubten.

Der glücklichste Entschluß, den Oesterreich nach so mancherlei belehrenden Erfahrungen fassen konnte, war der herzhafte Anschluß an Preußen, welches ihm in der dänischen Frage auch offen entgegen kam. Ihre Vereinbarung wird den Grafen Rechberg und Bismarck zu ewigem Ruhm gereichen, denn nur wenn die beiden Dioskuren Hand in Hand miteinander gehen, kann unter ihrem Doppelbanner Deutschland Siege erfechten. Wenn nach wilden Meerstürmen am schwankenden Schiff das freundliche Doppellicht zu schimmern beginnt, ruhen die Stürme und klärt sich der Himmel. In diesem Sinn Preußen und Oesterreich geeinigt zu haben, möchten sie auch, was Gott verhüte, wieder auseinandergehn, bleibt unvergeßliches Verdienst.

Nachdem Dänemark unterlegen war und im Wiener Frieden die deutschen Elbherzogthümer an die beiden verbundenen deutschen Großmächte abgetreten hatte, bemerkte man wieder einiges Gewölk am politischen Himmel, es gab neue Streitfragen über die Zukunft jener Herzogthümer. Doch befestigte der Gasteiner Vertrag die preußisch-österreichische Vereinbarung von neuem und bewies, daß von beiden Seiten die großen Vortheile fernern Zusammengehens erkannt worden sind. Oesterreich indeß konnte und wollte in seinem Innern die ungewisse Lage nicht länger fortdauern lassen, sistirte die Reichsverfassung und machte den Ungarn Concessionen, um sich ihrer früheren Anhänglichkeit wieder zu versichern. In die Geheimnisse des Wiener Cabinets nicht eingeweiht, halten wir nur die jedermann vor Augen liegenden Thatsachen fest, daß Oesterreich mit Preußen nicht gebrochen hat und zugleich im Begriff ist, durch die Aussöhnung mit Ungarn seine Machtstellung an der untern Donau zu verstärken. Beides kommt Oesterreich zu Gute, das Bündniß mit Preußen, wie die Ausgleichung mit Ungarn. Beide Thatsachen widersprechen sich also auch nicht, wenn es gleich den Anschein hat, als gereiche die Bevorzugung der Ungarn den Deutsch-Oesterreichern zum Nachtheil.

Aus allem, was wir bisher vorgetragen haben, wird man zur Genüge erkannt haben, daß wir dem deutschen Nationalinteresse nicht das Geringste vergeben wollen. Wir denken aber, was Oesterreich stärkt, das stärkt auch Deutschland, und im Angesicht des verbundenen Preußen und Oesterreich könnte Ungarn den Deutsch-Oesterreichern nicht gefährlich werden. Für die letzteren ist es besser, wenn sie sich mit den Ungarn wieder befreunden. An der Seite des Deutschen ist der Ungar freudig zu begrüßen, nur feindlich gegenüberstehen soll er uns nicht. Dasselbe gilt von den Czechen. Ihre Feindschaft, ihren Haß muß man zurückweisen, nicht ihre Kameradschaft. Daher sollten die Deutsch-Oesterreicher mit ihrer Opposition gegen das neue System ihres Kaisers vorsichtig seyn und vor allen Dingen den Kaiser moralisch unterstützen in zweierlei Richtungen, die uns die wichtigsten scheinen. Einmal sollten sie die Reichseinheit vorzugsweise in der Armee vertreten sehn. So lange nicht wieder ein ungarisches Heer einem deutsch-österreichischen und slavischen, wie 1849, gegenübersteht, sondern alle diese Bestandtheile der großen österreichischen Armee vereinigt bleiben, ist nirgend Gefahr für die Einheit des Reichs. Es wäre nicht das erste Mal, daß diese Einheit im Lager hätte gesucht werden müssen. Aber alles kommt darauf an, daß der §. 3 des ungarischen Verfassungsgesetzes vom Jahr 1848, den die Ungarn reclamiren, wieder von ihnen fallen gelassen werde. Er verlangt nämlich neben einem besondern ungarischen Ministerium auch dessen freie Verfügung über die ungarischen Truppen. Damit wäre das schöne waffenbrüderliche Band der österreichischen Armee abermals zerrissen. Damit würde sich Oesterreich selbst aufgeben.

Das zweite, was wir den Deutsch-Oesterreichern empfehlen möchten, hängt genau damit zusammen. Sofern wir nämlich die Reichseinheit hauptsächlich in der einen und untheilbaren Armee vertreten sehn und in dem von aller Welt mit Recht bewunderten kameradschaftlichen Geist des österreichischen, aus allen Nationalitäten combinirten Offizierscorps die beste Bürgschaft für die Einheit des österreichischen Gedankens erkennen, leugnen wir, daß diese Einheit durch die Paragraphen der Reichsverfassung und durch das liberale System des Herrn von Schmerling gewährleistet sey. Der Liberalismus zieht überall die Geister, deren er sich bemächtigt, von den großen Macht- und Existenzfragen ab zu blos formellen Rechtsfragen. Indem er die ganze Weltgeschichte auf den Prozeßweg weisen möchte, entgeht ihm um so gewisser die Praxis, welche die Geschichte macht. Bis eine Kammer ihre strittigen Rechtsfragen abgewickelt hat, haben gewöhnlich ganz andere Leute draußen in der Sache selbst factisch entschieden.

Der Liberalismus nach der modernen Schablone ist den Deutsch-Oesterreichern noch verhältnißmäßig neu und übt daher auf sie noch einen gewissen Reiz. Aber es ist doch auch wieder ein zu gesunder Sinn in der Mehrheit ihrer Bevölkerungen, als daß sie nicht einsehen sollten, eine sichere und ehrenvolle Zukunft der österreichischen Monarchie, des gesammten

Deutschland und ihrer besondern Provinz hänge nicht von Kammerdebatten, sondern von einer starken und einigen Armee, vom Bündniß mit Preußen und vom Zusammenhalten unserer übrigen Bundesstaaten ab.

Wie sehr der Liberalismus vom Patriotismus abirren kann, hat das Jahr 1848 bewiesen. Damals herrschten in Wien jüdische Agitatoren als Agenten Kossuths und Mazzinis und waffneten Deutsche gegen Deutsche. Auch im deutschen Parlament in Frankfurt hörte man damals den deutschen Fürsten, Ministern und Generalen fluchen, welche den Gehorsam in Italien, Böhmen und Ungarn herstellten. Und jetzt noch immer wollen viele nicht begreifen, daß es im deutschen Nationalinteresse liege, sämmtliche österreichische Kronstaaten unter deutscher Hoheit zusammenzuhalten.

Anstatt sich in kleinliche Rechtsfragen der innern Politik, in formelle Nebendinge, in ganz unfruchtbare Persönlichkeiten zu vertiefen, sollte man um sich schauen an die Grenzen.

Lothringen und Elsaß bereiten sich vor, ihre Vereinigung mit Frankreich zu feiern. Wen rührt das noch in Deutschland? Wen schmerzt, wen entrüstet es? Am wenigsten jenen Verein, der sich mit Ostentation den deutschen Nationalverein nennt. Indem derselbe alles, was die Deutschen im Osten erobert haben, herschenkt und wegwirft, will er auch die deutschen Länder, die uns andere weggenommen haben, nicht wieder haben. Hat ihm der Franzose den Rock genommen, so wirft er auch noch großmüthig dem Italiener seine Stiefeln und dem Ungarn seine Hosen zu.

Wie hat der deutsche Nationalverstand die belgische Frage verstanden? Immer ertönten von Zeit zu Zeit aus Flandern und Brabant bittere Klagen über die Zurücksetzung, ja gewaltsame Unterdrückung der deutschen Sprache und Sitte durch die französische. Auch einige wenige Männer in Deutschland, denen wir uns beigesellten, haben wiederholt ihre Stimme für jene Niederdeutschen erhoben. Aber immer umsonst. Die deutsche

Preſſe wollte nichts davon wiſſen. Es war nicht möglich, hier mit einer patriotiſchen Mahnung durchzubringen. Die deutſchen Mächte begiengen ohne Zweifel nach Napoleons Sturz einen großen Fehler, ſofern ſie die vormals öſterreichiſchen Niederlande nicht mit dem deutſchen Bunde vereinigten und es nicht allen deutſchen Staaten zur Pflicht machten, Belgien vor franzöſiſchen Uebergriffen zu ſchützen. Einen eben ſo großen Fehler begieng der neue König der Belgier, der ihnen freilich nicht von Deutſchland, ſondern von England octroyirt wurde. Dieſer König, deſſen Weisheit man gerade jetzt ſo maaßlos rühmt, bekam ein Land zu regieren, welches bis auf einen kleinen walloniſchen Theil durch und durch deutſch und von altkatholiſcher Frömmigkeit durchdrungen war. Gleichwohl duldete und ſanctionirte er, daß die wenigen Wallonen, verſtärkt durch ſchaarenweiſe herübergekommene Franzoſen, Brüſſel zu einem zweiten Paris machten, die franzöſiſche Sprache, welche während der franzöſiſchen Herrſchaft die der Amtsſtuben und Salons war, als die allein privilegirte fortbeſtehen ließen und ihre Macht durch die Preſſe noch weiter ausbreiteten. Auch kamen aus Frankreich viele deſtructive Elemente, viele revolutionäre Tendenzen, die in Frankreich nicht geduldet wurden, nach Belgien und verſtärkten dort die antikirchliche Partei. Ein lebhaftes Bild davon macht man ſich, wenn man die Verhandlungen des unlängſt in Lüttich tagenden Studentencongreſſes lieſt. Obgleich nun der König ſehr parlamentariſch regierte und ſich immer nach der Mehrheit in der Kammer richtete, ſo war doch dieſe Kammermehrheit, wie in ſo manchem andern Lande, nicht der wahre und volle Ausdruck deſſen, was die deutſche Mehrheit der Bevölkerung eigentlich dachte und wollte, ſondern gieng aus Wahlagitationen der unter den gebildeten Claſſen herrſchenden Partei hervor, die doch nur eine Minderheit der Bevölkerung bildete; und ſelbſt wenn die ganze deutſche Bevölkerung in ihrer Verblendung hätte ihre deutſche Nationalität und Sprache freiwillig aufopfern wollen, ſo würde der

König immerhin das Recht und die Pflicht gehabt haben, vor einer solchen Unnatur zu warnen und derselben entgegenzuwirken. Denn seine Dynastie ist deutsch, wie die weitaus größte Mehrheit seines Volks, und kann von keiner Seite her gefährdet werden, als gerade von Frankreich her. Wenn erst ganz Belgien französisch redete, wäre die Annexion an Frankreich am wirksamsten vorbereitet und würde nicht ausbleiben.

Wenn der König das deutsche Element seines Landes gewiß zum Nachtheil für seine Nachfolger nicht gehörig gesichert und protegirt hat, so hätte Deutschland ihn dazu auffordern und ermuntern sollen, was nicht geschehen ist. Man hielt so unzählbare Versammlungen für die deutsche Sache. Der Zweckessen, der patriotischen Reden und Gesänge war kein Ende, aber um die deutschen Niederländer kümmerte sich niemand, die ließ man ruhig Franzosen werden.

Die Franzosen sind viel rühriger und praktischer als wir. Obgleich sie nicht das geringste Recht auf das linke Rheinufer haben, welches seit vielen Jahrhunderten von deutschredenden zu unserem alten Reich gehörigen Volksstämmen bewohnt ist, und dasselbe nur einmal auf kurze Zeit, von 1794 bis 1814 von den Franzosen erobert war, sprechen es doch alle Franzosen heute noch an, als gehöre es ihnen von Rechtswegen, und stellen ohne Aufhören eine Wiedereroberung desselben in Aussicht.

Es ist nicht unwahrscheinlich, daß der Congreß in Washington die Monroe-Doctrin zur Thatsache zu machen Lust bekommt, und zwar in nächster Zeit. In diesem Falle würden wohl alle Anstrengungen Frankreichs, Mexiko dem neuen Kaiser zu erhalten, vergeblich seyn und deshalb überhaupt vermieden werden. Um aber einen Rückzug der Franzosen aus Mexiko mit allen seinen Nachtheilen für den 2. Dezember möglichst bald vergessen zu machen, könnte dem Letzteren nichts erwünschter kommen, als eine Gelegenheit, sich in deutsche Streitfragen zu mischen. Diese Gelegenheit würde ihm rund abgeschnitten seyn, wenn Oesterreich und Preußen ferner einig blieben und ihre

Allianz noch mehr befestigten. Sie würde ihm aber sogleich dargeboten seyn, wenn es gelänge, Preußen und Oesterreich wieder zu trennen und in eine feindliche Stellung gegeneinander zu bringen.

Auf der anderen Seite lassen sich immer wiederholt russische Stimmen vernehmen, welche mit der größten Zuversicht die künftige Weltherrschaft für Rußland in Anspruch nehmen, in dem uneinigen Deutschland, welchem schon so viele alte Grenzländer entrissen sind, einen eben so „kranken Mann" sehen wie in der Türkei, und denen der Uebergang von der schon oft angesprochenen Bevormundung in eine völlige Beherrschung Deutschlands von Seiten Rußlands nur noch eine Frage der Zeit ist. Wir nehmen nicht an, daß diese russischen Stimmen Recht haben, wir mahnen nur unsere Deutschen, daß es ihnen doch nicht gleichgültig seyn darf, wie andere Nationen von ihnen denken. Von der Rücksichtslosigkeit der Engländer gegen Deutschland wollen wir nicht reden, weil uns diese Herrn doch in der Noth sowohl gegen unsere westlichen als östlichen Nachbarn in ihrem eigenen Interesse beistehen würden.

Wenn man sich in Deutschland entschließt, nur ein wenig praktischer zu werden, so müssen alle Spekulationen, die man auf unsere Uneinigkeit und Zerklüftung macht, zu nichte werden. Wir sind immer noch ein großes Volk, wenn wir uns dessen nur bewußt werden wollen.

Die Deutschen waren das herrschende Volk im ganzen Mittelalter. Wenn sie es nicht gewesen wären, müßten sie es jetzt erst zu werden suchen. Es wohnt so viel Kraft in ihnen und sie sind so zahlreich, daß es eine Schande wäre, ihnen eine Nationalpolitik abzusprechen, oder eine solche nur kleinlich und nicht so großartig als möglich aufzufassen.

Das jetzt so beliebte Nationalitätenprinzip hat für uns Deutsche nur Sinn, wenn unsere Nationalität ihr volles Recht erlangt. So lange wir noch die uns entrissenen deutschen Reichsländer nicht wieder erobert, alle Länder, worin deutsch gesprochen wird, nicht der undeutschen Herrschaft entrissen haben, sind wir auch keiner der Nationen, die uns unsere Provinzen geraubt haben, irgend eine Achtung ihrer Nationalität schuldig. Da wir ferner als große Nation in der Mitte Europa's darauf halten müssen, daß die kleinen und schwachen Nationen an unsern Grenzen, die nun einmal nicht selbständig seyn können, unserer Machtsphäre einverleibt und unter unserm Protectorate bleiben, damit sie nicht in fremde Gewalt fallen und unsern Feinden zum Werkzeuge dienen, ist es in hohem Grade unverständig und lächerlich, wenn die deutsche Presse für die Freiheit und Unabhängigkeit jener kleinen Nationen schwärmt. Wenn wir Deutsche jemals unsere Machtsphäre der ganzen Donau entlang ausdehnen, worauf unsere geographische Lage und der unaufhörliche Nachwuchs unserer Uebervölkerung uns anweist, so kann und darf Ungarn, Siebenbürgen, Croatien und die Nordseite des adriatischen Meeres keiner andern Machtsphäre einverleibt werden als der deutschen. Um keinen Preis dürfen wir uns hier einen Riegel vorschieben lassen. Da nun gegenwärtig Oesterreich noch Herr jener Nationen ist und sie dadurch der deutschen Machtsphäre noch einverleibt sind, bleibt es das bringendste Interesse aller Deutschen, Oesterreich bei jenem Besitze zu erhalten und es in jedem Kampfe um dieselben einmüthig zu unterstützen.

Das Nationalinteresse muß auch allen Prinzipienfragen der innern Politik vorgehen. Der Zweck und die Hauptsache für uns ist, daß Deutschland nach außen immer groß und mächtig dastehe, daß seine ungeheuern Kräfte Raum gewinnen, sich nach außen zu entwickeln. Ob das Deutschland mit absolutistischen, oder constitutionellen, oder demokratischen Mitteln, ob in der Form des Einheitsstaates oder der Föderation erreicht, ist ganz gleichgültig. Diejenige Verfassung Deutschlands wird die beste seyn, die am meisten Heere und Batterien aufzuführen vermag, um unsere Feinde nach allen Seiten zu schrecken, um neue Erwerbungen und Colonisationen für die jungen Schwärme unsres ewigen Bienenstocks zu ermöglichen, um unsern auf der ganzen Erde zerstreuten Landsleuten überall Sicherheit und der deutschen Flagge auf allen Meeren Achtung zu verschaffen. Wenn man immer an diese Hauptsache dächte, würde man der gemeinsamen deutschen Sache besser dienen, als indem man sich in eitlen Prinzipienstreit vertieft, um Verfassungsformen habert oder partikularistische Interessen verfolgt, die ganz nichtig sind im Vergleich mit der großen deutschen Frage.

Man sollte nie vergessen, daß auch die Lösung aller Fragen der innern Politik uns nur freigegeben ist, so lange wir durch unser Zusammenhalten nach außen stark und mächtig genug sind, fremden Einfluß von uns fern zu halten. Wenn die Unvernunft unsrer innern Parteien erst Oesterreich, dann vielleicht Preußen unterwühlen und zerreißen könnte, dann würde kein neues Professorenregiment in der Paulskirche über die Geschicke Deutschlands richten, sondern Rußland und Frankreich würden sich in unsern Bürgerkrieg längst eingemischt haben, und über den erbärmlichen Rest Deutschlands würde ein neuer Erfurter Congreß entscheiden. Ein fremder Protector würde mit einem Schlage alle unsre Kirchthurmsinteressen, Schulfragen und Prinzipienreitereien entscheiden.